アントネッラ・アンニョリ

拝啓 市長さま、こんな図書館をつくりましょう

萱野有美訳

みすず書房

CARO SINDACO, LA BIBLIOTECA CHE VORREI

by

Antonella Agnoli

Caro sindaco, parliamo di biblioteche,
First published by Editrice bibliografica, 2011, Milano
La biblioteca che vorrei. Spazi, creatività, partecipazione,
First published by Editrice bibliografica, 2014, Milano

Biblioteca per ragazzi,

拝啓　市長さま、こんな図書館をつくりましょう　目次

拝啓 市長さま

あなたが「図書館」についてお考えになるとき、延々とつづく書架や埃のつもった棚、来館者を睨むようにじっと見つめる意地悪そうなオールドミスの図書館員をすぐに連想なさるのはよく分かっています。ですがほとんどの図書館にとって、それは風説に過ぎません。たしかに国は躍起になって図書館に必要な財源を否定しようとしています。おそらく来館者の頭上に天井が落ちてこようと、何世紀ものあいだ収集されてきた蔵書がネズミの前歯の餌食になろうと構わないのでしょう。マントヴァのテレジアーナ図書館、チェゼーナのマレテスティアーナ図書館、ボローニャのアルキジンナージオ図書館、これらの歴史は数百年です。にもかかわらず今でもよく運営されており、世界中から羨望の眼差しを向けられています。それにそこの女性図書館員たちは、親切なだけでなくとてもチャーミングです。

ですがそうした図書館のことをここでお話ししたいわけではありません。本日私がお話ししたいのは、同じ呼び方こそされていますが中身はまったく違う図書館、規則重視の保存図書館とは似て非なるもの、つまり、サービスも目的もまったく異なる公共図書館のことです。イタリアには「パブリック・ライブラリー」の伝統がありません。私たちがこれまで懸命に行ってきたのは、保存目的の図書館のことばかりです。人文主義のもとイタリアに図書館が誕生したのは５００年前のことです。けれどもこれらの図書館は、一貫して続けられる政策の一つとはなりませんでした。連動すべきメカニズムの歯車の一つとはならなかったのです。そうした図書館はつねに私たちの町の珍重品として扱われてきました。ちょうど、居間に飾られる、あってもなくてもいいような中国の壺のようにです。１９７２年になってようやく法制度を整備し、地方公共団体に依拠した公共図書館のネットワークを発達させ始めました（ただし北部と南部には雲泥の差がありますが）。

こうした選択（というか選択肢のない選択と言った方がいいかもしれません）は、貴重な文化遺産を護るのには功を奏しましたが、読書促進については消極的な効果をもたらしました。２０１１年で最低1冊の本を読んだイタリア人は２人のうち１人以下です。２０１０年10月―11月で、最低1冊の本を買ったのは国民の３分の１です。最低６冊購入したのは３％、１ヶ月に２冊以上の本を読んだのは２％以下です［Ferrari 2011］。

読書のための公共図書館と保存のための図書館のサービスは異なります。前者は19世紀に、国家の創設、民主主義の創設という理念を反映し、主にプロテスタント諸国で誕生しました。理性、自由、民主主義は、可能なかぎり教育が行きわたることを要求したのです。図書館の創設は個人ではなく政治的共同体の運命にかかわること、つまり、近代的な軍隊を形成し経済発展を促すには、識字率を１００％にすることが必須でした。イタリアでは図書館が不可欠なサービスになったことはなく、各行政の善意と慧眼に任された「オプション」のサービスでした。

イタリアの支配階級は常日頃から、図書館は町の威信のために必要な本置き場であっても、実用の面では瑣末なものと考えてきました。知識人は自宅に蔵書するのを好み、壁のスペースがなくったら定期的に引越せばいいと考えていました。アメリカ、イギリス、オランダ、ドイツの知識人は、特別な本を除いては自宅に蔵書はありません。古典や研究に必要な本は大学図書館にあります。イタリアで保存図書館にやって来るのは、ほとんど学生（しかも自分の本を持参して）か地域のわずかな研究者です。

海外の「図書館」は、そのほとんどが、書架や机が整列したルネサンス様式の宮殿のような建物ではなく、ソファや庭、テラス、気持ちの良いカフェテリアがあるガラスやコンクリートの建物です。子どものためのスペースも充分にあり、読書サークルが集まったり、チェスや生花のワークショップなどが開かれています。シアトル、ロッテルダム、ヘルシンキ、リヨンの図書館は、町になくてはならない施設として毎日多くの子どもや大人を迎えています。

好運なことに、イタリアでも「Nati per Leggere（読むために生まれた）」などのような、子どもやティーネージャー向けの取り組みが行われています。これは小児科医と図書館員が協働し、幼児期初期の子どもに対し本に興味をもたせ、成長過程でもその興味をもち続けるように働きかける試みです。この試みは、読書習慣のない家庭に対しとくに効果をあげています。なぜなら子どもを通して、家族も読書の楽しさを知るからです。新聞小説は中産階級の家庭内読書率を引き上げました。これには地域に新聞を売るキオスクが広く行きわたったことが一役買っています。ならば、いま私たちがすべきことは、公園、海辺、病院、刑務所（すでに多くの図書館が行っています）に本を持ち込むことではないでしょうか。ラクイラの地震の時に作られたテント図書館のような移動図書館だけではなく、電車図書館、ボート図書館、自転車図書館など、潜在的な利用者がいるところにはどこにでも本を持って行くのです。本書では、市長、評議員、図書館整備係、建築家のみなさんに「なぜ」そうした活動を行う必要があるのか、また、「どのように」そうしたプロジェクトが可能となるかをご説明いたします。それに私たちは経済危機のまっただ中にいます。

出発点となるのは、言うまでもなく図書館と新しいテクノロジーとの関係です。テクノロジーにより、一見したところ、スマートフォン一つであらゆる種類のコンテンツを利用できるようになりました。したがってまずはGoogle、ソーシャルネットワーク、経済危機下における図書館の役割について考えます。

それから、地方公共団体の予算が大幅に削減される昨今、どのように新しい図書館をつくればいいのか（または既存施設の考え抜かれたリノヴェーション）について探ります。市民の参加、資金の調達の仕方、建物の性質、職員の役割、ボランティアの集め方などについて掘り下げていくことにしましょう。

第Ⅰ部　拝啓　市長さま、こんな図書館をつくりましょう

はじめに

市長の（現代ではなく昔の）一日はとても忙しかった。収支が合わない、サービスがうまく行かない、市民が抗議している、行政は例によってほとんど手を出せない、なぜなら財源縮小や矛盾だらけの法律や規定にがんじがらめにされているから……正直、羨ましいとは言いがたい仕事である。けれども一日の終りには、誰にでもほっと一息つく権利がある。そこで僭越ながら、イギリスのユーモアミステリー作家、イアン・サンソムの小説を手に取ることをお薦めしたい。サンソムの最新刊『ガレオットは本』には、少年たちと主人公である図書館員のイスラエル・アームストロングとのこんなやりとりがある。

「あいつはだれだよ?」

「図書館員だってさ」コリンは言う。

「は?　まさか!」

「いや、本当だよ」もう一度コリンは言う。

（…）


「図書館員ってまだこの世にいたんだ？」ローリーが口をはさんできた。

「そういうのってGoogleがやるのかと思ってた」

「僕たちは生き残りをかけて闘っているんです」イスラエルは説明する。

「それじゃ図書館員はすごいんだってこと、もう一度みんなに分からせなきゃ。そうだろ？」

「ええ、そうです」とイスラエルは答えた。「そうします、たぶん」


この小説のヒーローは30代の図書館員。ユダヤ人でベジタリアンで不器用なイスラエルは、イギリスとアイルランドが施政するアルスター州の外れの街に住んでいる。彼はタンドラム市移動図書館の責任者で、不愉快きわまりない利用者とろくでなしの上司と疑り深い警察の間でもみくちゃにされながら、生き残るために奮闘する。ここで問題なのは、一人の少年がなんの躊躇いもなく、まるで常識だといわんばかりに言い放った言葉「（図書館員は）Googleがやるのかと思ってた」［Sansom 2011, p. 238］である。イタリアの政治家やお役人のなかにもそう確信している人間は多いにちがいない、たぶん。

第1章　共有財産としての図書館

みんなの図書館？　それともみんなのGoogle？

今日、私たちの生きる21世紀では、コンピューターはスマートフォンと融合し、デスクトップ型パソコン以外でもデータを移動できるようになり、さまざまな個人向けガジェットが誕生している。スマートフォンばかりでなく、電子リーダー、タブレットの登場で、どこからでも文書、音楽、動画のダウンロードが可能となった。24時間、いつでもどこでも友人と連絡を取り合えるだけでなく、インターネットはエコシステムとなった。そして私たちはみな、おおむね幸せに、その世界に生きている。

外国に暮らす人は、iPadでラジオ番組のポッドキャストを聴いたり、新聞を読んだり、映像を観たり、子どもに絵本を読んであげたりすることができる。しかもその絵本は、つい先日まではすばらしいと思っていた「ポップアップ」式の絵本より、ずっと魅力的である。実際、気になるサイトの10分の1、読むべきサイトの１０００分の1すら満足に時間を費やせないのが現状だろう。

オンライン書店が登場したのは少し前のことである。２０１０年にはイタリアにもAmazonが上陸し、地域に本屋のない多くの町でも割引価格で本を買えるようになった。本が届くまで待ちきれない人には、Kindle版がある。３００グラムの端末で、たとえアフリカにいようと、毎朝ラ・スタンパ紙だけでなくル・モンド紙も読むことができる。iPadやスマートフォンは、将来的にはすべての人のポケットに入り込み、いつでもGoogle Mapsに自動接続し、サハラ砂漠の真ん中にいても現在地を教えてくれるだろう。トゥアレグ族のキャラバン隊を待つ間も、まるでドゥオーモ広場にいるように、ピエール・ドレの挿画入りの『神曲』をめくったり、コリエレ・デッラ・セーラ紙を読んだりすることができる。Wikipediaもある。Googleは北アイルランドの未成年に自家製ビールの製造方法を教え、ナポリの若者にはドイツの大学で受講可能な科目や教授や時間割を教えるだろう。電話をかけるスマートフォンでサッカーの試合やハリー・ポッターの映画を観たり、Skypeでブエノスアイレスにいる孫やコスタリカに旅立つ従兄弟と話すこともできる。

このようなソーシャルテクノロジーが発達した環境のなかで、図書館はいったい何の役に立つのだろうか？　たしかにサンソムの小説の少年たちの言い分は、正しいのかもしれない。フランスで近年発行された図書館員のための手引書「今日の図書館　新しい空間の獲得　*Bibliotèques d'aujourd'hui : A la conquête de nouveaux espaces*」〔Bisbrouck 2010〕の表紙でさえ、抗しがたい進化を暗示している。その表紙には、３人の図書館員がやけくその風情で、紙の本がびっしり並んだ巨大な書棚を押し出そうとしている傍らに、若い女性が3台のパソコンと2台のiPadを台車に載せて運んでくる場面が描かれている。この絵を描いたイラストレーターのオレルは、次の場面でおそらく彼女にこう言わせるだろう。本はすべて古本市に出して下さい、利用者にはインターネットに繋がった機器だけを使ってもらいます、と。

フィラデルフィアのドレクセル大学は、まさにそのようなパソコンだけを配置した大学図書館をオープンさせた。しかし現実は、イタリアの新聞が「ようこそ本のない図書館へ」という見出し記事で取り上げた様子より、もう少し複雑なようである［Lombardi 2011］。

残念ながらその大学図書館は、「すべてヴァーチャル」というのがそう単純な話ではないことを明かさなかった。つまり、ホームページでは「配管検査のためテラスは立ち入り禁止」と告知され、学生はこれまで図書館に置かれていた電子レンジが撤去されたことに抗議していたのである。どうやら私たちにとって図書館は、見過ごすことのできない物質性を保ち続けている場所のようである。コンピューター、インターネット、サーバーはプラスチックや金属でできているため、過熱すると回線不通になってしまう。したがって安定した電流と作業員による定期点検は必須事項である。なるほど市長は建物の維持費がどれだけ負担になるか、よく心得ているのである。

学生たちは、ヘンリー・ジェイムズを読むため、メールを書くため、Facebookを更新するために図書館に行く。トイレが使え、カフェテリアもオープンしていなければならない。大学近くの角にあるチャイニーズレストランは学生に人気で、みんなヌードルをテイクアウトしていた。だから電子レンジが必要だったのである。

これらすべてのことは、ドレクセルの大学図書館が物理的空間としては閉館し、自宅から接続する純粋なヴァーチャル図書館に変わっていたなら問題にならなかっただろうか？　おそらくそうではないだろう。それには次の三つの理由が考えられる。まず図書館には「手助け」がある。図書館員はどの学術雑誌が有益か、アルメニア語の辞書や南スーダンの地図はどこにあるかを知っている。日々増加する情報を、図書館はネット上（専用サイトやFacebook）でも利用できるように公開しているが、そのオンライン・システムに滋養を与えているのはまぎれもなく図書館員その人である。

二つ目は、アメリカの大学生が図書館に「行きたい」のは、自室や近隣のカフェより図書館の方が過ごしやすいからである。これはイタリアの学生にとっても同じことである。アメリカの大学図書館は、公共図書館と同様、採光に優れ、入りやすく、食事をしたり、超難関の科学の試験についてで友人に助けてもらうことのできる社交の場である。朝8時に入館し、山積みになった参考図書の間でうたた寝をし、翌朝8時に退館することもできる。紙の本があろうとなかろうと、これが本当の「知の広場」なのである。

三つ目は、学外からのネット接続には脆さがある。２０１１年7月の時点で、ProQuest システムは「技術的問題があります」と大学図書館のサイト上に告知されていた。そのため学外からの接続に支障をきたしていたのである。もちろんこの問題はいずれ解決されるだろうが、もし地域に中央図書館がなく、こうした障害が試験の一週間前に起きていたなら、アメリカの学生は問題が解決されるまで学長室を占拠したことだろう。なぜなら彼らは大学のサービスを利用するために何千ドルという登録料を払っており、そこにはいつでも利用できる図書館サービスも含まれているからである。

インターネットは「グローバル図書館」とよく言われる。しかしこの喩えは見当違いだろう。なぜなら、「確実さ」と「所蔵資料の安定性」を欠いたインターネットは、決して図書館にはなり得ないからである。確実さとは、図書館にあるイタリア詩人モンターレの本は、たとえ海賊版であろうと、作者の書いたものに一致するということを意味する。ネット上では、モンターレの詩の一節に簡単な「カット&ペースト」を施し、改ざんすることも可能である。

所蔵資料の安定性とは、国立図書館にひとたび所蔵されたものは、火災や盗難や戦争、不運な紛失などに遭わなければ、三世紀後にもまだそこにあることを意味する。ネット上では、昨日あったものが三年後にもあるだろうが、同じ内容であるという保証はない。ブロガーは過去の投稿記事を好きなように変えられるし、Wikipedia は政治的・経済的関心から引き起こされる激しい書き換えの対象である。事実、「ガリバルディ」「ナポレオン」「地球温暖化」「コカコーラ」といった項目はつねに編集されつづけている。

言い換えれば、インターネットは無類の情報へのアクセスと、世界中からの同時利用を可能にするが、情報操作や改ざんが容易なメディアであるために、完璧さや永続性は保証されないということになる。図書館の放火を企てるより、デリートキーを押す方がはるかに手軽なのは明らかだろう。

ネット上の情報がいかに脆弱であるかを知るには、Googleが中国では利用しにくいことを考えてみるといい。中国では一般的な検索エンジンとしてBaiduが利用されており、このブラウザでは政府要綱にしたがって適切に書き換えられたウェブページにユーザーを向かわせる。そこでは1989年の天安門事件はなかったことに、ダライラマはペテン師に、中国には反政府勢力もいなければ、検閲もないことになっている。

Baiduがこうしたことをするなら、Googleも同じように政府の権威に気に入られるようにならないわけがない。私たちの民主主義政府は、9・11のような国家非常事態時にはどうなるだろう？経済摩擦のときは？　インターネットはあらゆる検閲官の夢であり、今日彼らはそれを存分に利用できる。まさにオーウェルの『1984年』で描かれたように、過去を書き換えるのに有効な手段なのである。

デジタルコンテンツが急成長を遂げているにもかかわらず、その脆弱性についての議論はあまりに不足している。

〔事例1〕　1986年、BBCはある野心的企画、ドゥームズデイ・ブックのマルチメディア版の製作に挑むことにした。ドゥームズデイ・ブックとは、986年にイギリスで作られた土地台帳のことである。この番組はAcornのパソコンでのみ読み取り可能なレーザーディスクに記録された［Gorman 2005］。さて、Acornのパソコンについてこれまで聞いたことがある方はおられるだろうか。

もしこの番組がその後、ＤＶＤや一般的なパソコンで読み取り可能な他のメディアに変換されなかったとしたら、その記録は永遠に失われていただろう。一方、イギリスの図書館員マイケル・ゴーマンが指摘するように、中世英語を知っている研究者であれば、ロンドンの国立公文書館に数千年以上保存されている原書を読み下すことはできる。しかしこの話も、今となっては昔のことである。つまり、フロッピーディスクを読み取れる機器をいまだに所有している家や事務所がどこにあるだろう？　コンピューターやその周辺機器がいかに急速に古くなるかについては、まだ充分に議論されていない。

〔事例２〕電子書籍を読むには、Amazon の Kindle など専用リーダーが必要となる。現在、Amazon は技術上ではワンクリックで、世界中の Kindle 内にあるどんな書籍も削除することができる。例えば、２００９年に Amazon が Kindle 用に販売されていたオーウェルの小説『１９８４年』を削除した事件は、アメリカで最高裁判所まで持ち込まれることになった。ここで問題なのは、アマゾンが意図的に削除したかどうかではなく、技術的に可能だという事実である。これは電子書籍を基にした図書館蔵書に脆弱性を生む要因にもなる。蔵書の大部分が電子書籍となる未来の図書館で、ソフトウェアの単純なバグ、技術上のアクシデント、妨害行為、商業戦争、独占による新たな状態は、図書館財産の安定性と永続性を危険に晒すことになるかもしれない。

〔事例3〕電子書籍という形式での本の流通は、非合法のコピーや流通を予防する必要性を生む。音楽業界では、すでにデジタル著作権管理（DRM）として知られるソフトウェアに基づくメカニズムによりそれを行っている。DRMとは、特定のハードウェア以外でのデータの読み取りを不可能にしたり、コピーや移動を妨げたり、数分後にデータを自滅させることもある。これは利用者にさまざまな不便をもたらし、事実上、情報が含まれるメディア（紙の本）の「購入」システムから、さまざまな制限を含んだ「委託」あるいは「貸借」システムへの移行を意味する。この点もまた、未来の情報共有や情報の永続性に対して脅威となるだろう。

〔事例4〕ウェブサイトは儚い。多くのサイトが作られては、更新されずに放置されたり、閉鎖されたり、アドレスが変更されたりしている。学術雑誌ではこれは深刻な問題になる。つまり、論文内で参照された紙媒体の書籍や雑誌は消えないが、ウェブサイトのものは確認が取れないことも出てくる。『サイエンス』『ネイチャー』『ニュー・イングランド・ジャーナル・オブ・メディシン』で調査したところ、発表から15ヶ月後にはウェブサイト上の参照記事の10％が利用できなかった［Gorman 2005］。

同時に、反時代的な要因があることも認めておかなければいけない。Googleは膨大な数の書籍をデジタル化しているが、このプロジェクトはアメリカの裁判により一時的に中止された。なぜなら、Google社の独占状態になってしまうおそれがあり、書物の利便性を広げるのではなく、むしろ狭めるのに強力な力を発揮するかもしれないからである［Darnton 2011］。Google のイニシアチブは、アナログ出版の試みの展開を速めることになった。なかでも、著作権が消滅した図書を利用できるようにしたアメリカ国会図書館とＥＵ各国の国立図書館の協力は重要である。

Google に向かうパロマー

選択とは、困難であるばかりか苦悩でもある。イタロ・カルヴィーノはそのことをすでに80年代の小説『パロマー』のなかで私たちに教えている。主人公のパロマーは、パリの品揃え豊富なチーズ専門店で、行き場を失いパニックに陥った。「かれの記憶から、するつもりだった周到な珍味の注文が消えてしまった。かれは口ごもって、至極当たり前の、陳腐極まりない、いちばんよく宣伝されているやつでその場を切り抜ける。まるで大衆文明の無意識的行為が、思い通りにかれを振り回そうと、かれがしどろもどろになるこの瞬間をひたすら待ち構えていたかのようだ」［Calvino 1994, p. 76］

つまり、パロマー氏は悩みに悩んだ挙げ句、ありきたりのチーズを買ったのである。インターネットはパリのチーズ店よりはるかに広いので、不案内な利用者の思考を麻痺させる。だから今日では、情報のジャングルを正しく進むにはガイドが必要で、Google や Yahoo! や Bing の助けを借りなければどうにもならない。文化的生産物にアクセスするのが困難だった一世代前から考えれば、今は過剰状態に、そして表面的にはすべてに手が届きそうな状況になった。

知識人も同様である。彼らが慣れ親しむ知識の世界はネット上で見つけられる情報の断片になり、かつてのような意味をもたなくなった。一昔前であれば、ロッシ教授は図書館や書店に入り、心穏やかに周囲を見回すことができただろうが、今日彼の前にあるのはパソコンの画面。それは迷子になるかもしれない世界に通じている。その世界の困難はさまざまにある。まず、インターネットの「無限性」が挙げられるだろう。インターネットと本の未来について繰り返し行われる議論では、「過剰な選択肢」が利用者に及ぼす影響の重大さが見過ごされている。図書館を小さなスーパーマーケットと比べてみるといいだろう。スーパーにはさまざまな特売品があるが、理性的に選ぶことのできる範囲内である。しかし、際限のない超大型スーパーにいると想像したらどうだろう。数千のメーカーからなるパスタ売り場、サンマルコ広場を埋め尽くすほどのクッキーの品揃え、数十メートルではなく、数十キロも並んだチーズ専門店。言うまでもなくその効力は直接的で、選択不能による麻痺、あるいは幼少期から見知った2、3のメーカーへの回帰、つまりパロマーとまったく同じような状態に陥るだろう。

検索エンジンはまさにこの問題を解消するためにあると言われる。しかしながら、Googleから提供される「ビジネス向け」のインデックスは、思ったほど有効ではなく、検索の85%は最初の画面で止まってしまう。「Googleが機能しなくなると、大部分の人は解決手段として他の選択肢をもたない」とシアトルのワシントン大学インフォメーションスクール准教授、ジョー・ジェーンズは言う。「私たち図書館員は数多くの選択肢をもっている。本を見つけ出すために走ることも、誰か

に電話をかけることも、そしてGoogleの使い方も心得ているのである」［Selingo 2004］

たとえGoogleがレポート課題に慌てた学生の必需品になったとしても、知的作業に通じた人であれば、学術研究において正確な出典を見つけ、情報を丁寧に読み込むことがどれほど大変かを知っている。おそらくそれは、今日の方がずっと大変だろう。昔は新米の研究者ならだれしも、図書館に行き目当ての本をどの棚に探せばいいか、あるいは少なくとも図書館員になにを訊くべきなのかは知っていた。しかし今日では、サイトの増殖により引き起こされた「ノイズ」が、行き先を決めるのを困難にさせ、利用者を拒絶する傾向にある。

２００９年アメリカで、大学生を対象として、娯楽ではなく研究目的での検索力が調査された。それによると、サイトの客観性を正しく評価できたのはわずか52％、その典拠については62％だった。これは言い換えると、おそらく大多数の学生は、Wikipediaの資料価値とハーヴァード大学の出版物のそれを区別できず、難解な政治問題を理解するのに有益な資料を探し出せないということである。

つまり、手助けやガイドとなる集合的な文化環境がなければ、インターネットが提供するすばらしい検索力もただの可能性で終わることを意味する。デジタルガジェットは学校や図書館の代替物ではない。なぜなら、どのプラットフォームにアクセスするかを特定するのは、理解力とその内容の使い方を限定することでもあるからである。離れた場所からのアクセスが多様化したからといって、教育の場や向かうべき先を知るための相談の場が必要とされなくなったわけではない。イタリアでは毎日およそ160冊の本が出版される。つまり年間では6万冊におよぶ。図書館は、根気よく図書を選定し、その宇宙に少しでも秩序をもたらすために貢献をしているのである（そのうえ、書店では数ヶ月あるいは数週間しか並べられない本を忘却から救い出している）。

Googleが図書館の代わりになるという考えは誤解の産物である。検索エンジンが誕生したのは、私たちが特定の話題に関するウェブページを見つけ、広告ではなく、どこにもない本当の共通語に触れるためである。いまや数十億のサイトが存在し、リクエストにより近いものを選び出す基準が必要となったため、Googleのアルゴリズムは小さな修正と変動を繰り返しながら、閲覧数の多い順に並べている。しかしながら、アクセス数の多いウェブページに、間違った情報やその後の出来事で無効になった情報、また単純に偽りの情報を防ぐものはなにもない。

このような戦略の背後には、さらに注意深く考察しなければならない考え方がある。それは、「群衆の知恵」はつねに個人のそれより優れているはずであり、あらゆる問題を解決するという考え方である。しかし本当にそうだろうか？　私たちは、日々ネットマニアからの襲撃に見舞われているのだから、インターネットへの賛辞には用心して臨まなければならない。「ウェブは賞賛に値する。その使い易さは専門家ではない人の内気さを取り払い、悪魔がかった電子機器と張り合うまでにさせ、異質な資料を関連づけることで普遍の知への道を開き、表現の自由と無料スペースを利用してどんな人も意見やコンテンツを発表し拡散できるようになった」［Rapetto 2011］。残念なことに、普遍の知への道は、ドイツの整備された高速道路というよりむしろアマゾンのジャングルの獣道に近いと言わざるを得ない。私たちはテクノロジーが含みもつ限界を知っておくべきだろう。インターネットに繋がったコンピューターはとても快適な道具だが、食洗機やトースターとどこが違うのだろう。それらは家電製品であり、もちろんそれなしではいられないが、ノートパソコンやWi-fi接続、検索エンジン、iPadが出現する以前に現代文明が生産したものの代わりには到底なり得ないのである。

Facebook, Twitter, Wikipedia

２０１１年にエジプト、チュニジア、アラブ諸国で起きた反政府デモは、『フォーカス』誌の表紙を飾りネットマニアを活気づけた。「人間の大群」という表題のもと、「無数の人がウェブ上でつながり、超‐個人を生み出す。音速で思考しコミュニケーションを図る集団は、総理大臣であろうとたった今解雇された労働者であろうと同時に到達でき、世界各地で起きていることを人々にライブで見せて説得する」と主張している。

なにもこれは新しい発想ではない。１８８０年、大衆誌『サイエンティフィック・アメリカン』には、「あちらこちらに散らばる文明共同体の一人一人が、電話通信により四肢に通う神経組織のように結びつく時代がすぐそこまで来ている」と書かれている。その80年後、マクルーハンは「今日、私たちは中枢神経を地球規模のクモの巣のように拡張し、この地球上から空間も時間も廃止させた」と書いた［Gleick 2011］。

テクノロジー賛美者のもう一人の代表者、ジュゼッペ・グラニエーリは「２０１１年のデジタル世界は２００６年の10倍以上になると見込まれる。（…）ネットワークにはさらなる人が関わり、つながり、環境はさらに強力なインターフェイスと装置（おそらくより感覚的な）で整備されることだろう。さまざまな学問の研究が示すように、（…）私たちは今後、これまでの均衡が変質し追求されるのを目撃するだろう。そしてそれは政治から経済、製品としての文化、共有価値としての文化まで、あらゆる分野で起こるだろう」［Granieri 2009, p. 140］。

すでに２０１１年は過ぎた。しかし世界は２００６年と大きく変わったようには思われない。ただし、２００７年からの経済危機を引き金とした何百万という人々の生活・労働条件の明らかな悪化を除いては。社会構造、習慣、権力関係を度外視するテクノロジーの楽観主義は、結局のところ例外なく事実によって反証されるのである。

『フォーカス』の記者は「どのように」集団が集い、「いつ」こうした集団が力を発揮するかについて問題提起をしていない。残念なことに、ショートメッセージがデモの呼びかけに有効だとしても、そのデモの目的が正当かどうか、正しい時に行われるかどうか、効果をもたらすかどうかを保証するものは何もない。「それでこの先どうなるのだろうか？」とジグムント・バウマンは問う。「エジプト人やチュニジア人は、未来について考えはあるのだろうか？」と［Malaguri 2011］。Twitterや Facebookは、リビアのカダフィ政権を倒すのに半年間のＮＡＴＯ軍による爆撃を必要とし、エジプト・タハリール広場の「人間の大群」は、旧政権組織の抵抗により阻まれ、真の民主化に向かうのに苦労している。複雑な議論には、共有された政治文化から形成される公共圏が必要とされ、その公共圏は機能するものでなければならないだろう。自由平等の概念を Wikipedia で学ぶことはできない。政治思想の古典を理解し、適切な方法で表明し意見交換することで、はじめて歩みを進めることができるのである。

さらに「ソーシャルネットワーク」は、信じられているのとは反対に、きわめて攻撃を受けやすい。中国やイランばかりでなく民主主義のイギリスですら、2011年8月の暴動時にはネットワークの遮断が真剣に検討された。同年同月、警官による青年殺害に対するデモを阻止するためにシカゴ警察が行ったことは、ただ地下鉄内の携帯電話の電波を遮断することだった。世界を変えるのに Twitter や Facebook を当てにするのはあまりに純粋としか言いようがないだろう。

その反面、Wikipedia の成功のように、無数の人々の協力を促すのにインターネットに勝るものがあるとも明言できない。Wikipedia は2001年1月10日に誕生し、翌2月には記事数は100に、9月には10、000に、2002年8月には40、000になった。その10年後、2011年には、もっぱらボランティアにより作られたこの百科事典に1900万の記事が、そのうち英語は370万、イタリア語は80万、その他280の言語は1500万の記事が登録されている。世界で6番目に閲覧されているサイト（Facebook, Google, YouTube, Yahoo!, Microsoft のポータルサイトに続く）であり、Google で検索するとほぼ最初に出ることもあって、1時間に数百回の更新が行われている。もしある人が、どんな理由であろうと社会的重要人物になったなら、すぐに Wikipedia

に名前が載るだろう。記事は細かく、まずまずの情報を得ることができる。

とくに、Wikipediaはあらゆる人が改訂できる資料モデルを作った。このモデルは、しばしば社内のヒエラルキー構造に押しつぶされそうな社員の知識とやる気を最大限に利用しようと、多くの企業から採用された。プロジェクトを企画したり、新製品を考えたり、戦略を研究したりするのに、wikiプラットフォームはきわめて有効なことが判明し、多くの人がボランティアによる協力やギフトエコノミーに全面的に頼った将来を予見している（ただしこの「ギフト」は一方通行、つまり、社員から上層部へのみ向かう。上層部は社員から利益を抽出するだけして、還元はしない）。

Linuxの無料オペレーションシステムとともに、10年間でWikipediaは人々の協力という他に例を見ない可能性を示し、クリス・アンダーソンがマスのボランティアと趣味が交錯するすばらしい現象と定義するものの象徴となった。「私たちは新時代の幕開けに立っている。それはあらゆる分野の生産者の大部分に賃金が支払われない時代である。生産者とその賄役の主な違いは、仕事に対する野心を拡張するために投入できる資金の差（これも縮まりつつある）である。生産するのに必要な道具をどんな人でも使えるようになった時、すべての人間が生産者になる」［Anderson 2008, p. 66］

しかしながら、生産者の大部分に賃金が支払われない「新時代」は、近年どうやらいくつかの困難に直面しているようである。そのうちの一つとして、まずWikipediaは真にマスの現象になったことはない。「生産者の大部分」を巻き込むどころか、数多くのシンパではなくごく少数の本物のマニアによって支えられていた。スペイン語版では90％の編集が8％程の積極的な利用者によって行われている。はるかに利用度の高い英語版では75％の編集が２％、つまり１５００人により行われ、半分の編集は利用者の０・７％、つまり５２４人によって行われている［Sunstein 2006, p. 151］。

これが意味するのは、当初からWikipediaは逆さまのピラミッド式に機能してきたということである。世界中を夢中にさせ巻き込む術を心得てはいたが、実際はわずかな人を基に成り立っている。つまり、かなり脆いということになる。２０１１年には若いネットマニアも年をとることが判明し、家賃を払ったり、家族を養うための仕事を見つけなければならず、ITボランティアは二の次となった。ジミー・ウェールズ自身、２０１１年８月イスラエルのハイファで行われたWikimaniaの会議でそのように発表し、危機を認めている。つまり、Wikipediaが充分に更新されなくなったのは、その協力者の中核が失われつつあるからなのである。

ウェールズは、Wikipediaの成功を決定づけた若者の世代は成熟し、別の活動や興味に向かうようになったので、新たな世代の活動サポーター、とりわけ女性のサポーターが必要だろうと述べた。というのもこれまでWikipediaは男性（平均年齢は26歳）からのクリックに限られてきたからである。トスカーナ州の興味深い試みに、州の図書館員に協力を呼びかけ、記事の質の向上を図るとともに、参加者の質をより安定させようとしたものがある。しかし、意義ある発展があったかどうかを言うにはまだ時期尚早だろう。

Wikipediaは今後、もう一度成功するかもしれない、しかし同時に新しさの魅力はすでに消耗され、協力という流行は廃れてしまうかもしれない。もしそうであれば、Wikipediaの場合だけでなく、新しい経験が与えられる共同体に属しているという喜びから生まれる無償の仕事という哲学そのものが、危機に陥ることになるだろう。報酬のある仕事を探さなければならない（日々困難になりつつある）社会構造の「重さ」は、資本主義と無償の経済を両立させるのがいかに難しいことかを示している。

Wikipedia の凋落が確実であるとするなら、それは重要な教訓になるだろう。つまり、「制度化された」組織だけが長期的に生き延びるということである。熱狂や流行、ボランティアを基礎にした実験のサイクルはかなり短命である。そうであるなら、今から２８０年程前の１７３１年に、ベンジャミン・フランクリンが初めて本の貸出を目的としたフィラデルフィア図書館会社を創設した頃と同じように、今日も図書館は必要とされていると考えられる。その理由は、フランクリンが図書館創設から数十年後に行った考察にある。「これらの図書館は、商人や農民をごく普通のインテリにし、アメリカ人の国論の質を向上させ、おそらく植民地で彼らの権利を擁護する際、その立場を表明するのに何らかの貢献をしたのである」［Singer 2011］。

これを言い換えると、もし植民地で当時のヨーロッパでは考えられない程の高い識字率に達していなかったとしたら、アメリカ革命は起こらなかったかもしれないということである。読む力や、食堂、広場、教会で議論する力が政治状況を変え、イギリスにアメリカの独立を受け入れさせた。１００年後、アンドリュー・カーネギーは個人資産でアメリカ全土に図書館を建設し、今日でもなおピッツバーグの「パブリック・ライブラリー」の正面玄関には、「Free to the people」と誇り高くも刻まれている。

学校、図書館、アンニョロッティ〔ラビオリの一種〕

情報が（相対的に）誰の手にも入るようになったにもかかわらず、集団生活での文化が明らかに貧窮化しているというパラドクスについては、あまり考察がなされていない。この現象はイタリアでは異常な広がりを見せている。イタリアでの文化に対する侮辱は「第一に機関・施設で揺るぎないものとなった。それを知るには、あらゆる機関・施設や文化事業への投資がいかに少ないかを省みれば充分である。（…）あるいは、モンテチトリオ宮殿の前でインタビューに応じる、評議員や大臣らの身の毛もよだつ失言のオンパレード、（…）わが国の代表者たちがイタリア統一記念日が何日なのか、フランスの革命記念日が何日なのか、ダルフールとは何なのかを知らなくとももはや驚くに値しない。ただ無能者《ロバ》たちが平然と恥ずかし気もなくインタビューに応える様子、つまり、彼らの巨大な無知で固められた共犯関係と絶対的な無関心さに、その場が混乱するだけである」〔Turnaturi 2011 p. 225〕。

議会と政府は学校改革について討議したいようだが、高等機関や国の発展のための調査に投資する責務については理解できていないようである。だから「世界の主要競争国に比べて大幅に低いＰＩＬ（国内総生産）に投資しよう」ということなのだ〔Cammelli 2011 p. 2〕。

フィンランド、ベルギー、イギリスでの大学研究機関職員の割合は40％前後、フランス、スペイン、ドイツではそれを少し下回る。ではイタリアはどうだろう？　イタリアはルーマニアと並んでヨーロッパの最下方にいる。つまり20％にすら届かない。ノーベル経済学賞受賞者のゲーリー・ベッカーが数十年前から繰り返すように、「企業内の設備は不可欠であるが、同様に、従業員、経営者の双方にワークツールを使いこなせる人間がいることは基本である」ことは理解できないのだろう〔Cammelli 2011, p. 2〕。

イタリアにおける15歳までの予備学習と、イタリア人の読解力、計算力、思考力について簡単に振り返っておく。２００９年度のOCSE-PISA報告によると、加盟国の学生平均は、読解力４９３、数学４９６、科学５０１。例年通り、上位を占めたのは上海、韓国、シンガポール、フィンランド、カナダ。どの国も他国に比べ、近年著しい経済成長を遂げている。イタリアは、読解力４８６、数学４８３、科学４８９というOCSEの平均以下で下位にいる。ヨーロッパ諸国でイタリア以下なのはギリシャとスペインだけで、ポルトガルには追い抜かれ、フランス、ドイツ、ベルギー、そしてエストニアまでも、遥か彼方にいる。

報告書は２００９年度と２０００年度を比較している。それを見るとイタリアの現状維持力が天性のものであることが窺える。つまりイタリアの点数は、２００６年度に向上（17ポイント）したとはいえ、９年前と同じなのである。しかし、この現状維持力は重要で心配な変化を内に隠している。男子の読解力は下降（２００９年ではマイナス５）しているが、女子のそれは上昇（プラス２）しているのである。イタリアの学校は、数年前からの予算削減と見切り発車の「改革」により、今日ではかなり偏った状態にあり、平均以下であることもしばしばある。トルコ、スロヴァキア、チリ、メキシコとともにイタリアは、農村部と都市部の学校の格差が激しい国の一つである。教育家だったロレンツォ・ミラーニ神父がバルビアーナ学校での活動を著した『先生への手紙』の出版から45年経った今も、イタリアの農村部は一見したところほとんど変わっていない。美しき国《ベルパエーゼ》では社会的変化が少ないことも、このような状況に結びついている。

しかしPISAの報告書は、学校外の状況、とくに家庭内における本との関わり方が思春期の教育に深く影響することも示している。例えば、「親の読書活動への取り組みは、子どもの読解力に良い影響を与える」ことは研究結果から明らかになっており、積極的な文化活動を行う家庭の子どもと、そうでない家庭の子どもが同じ学校教育を2年間受けた場合、63ポイントの差がみられる。また、政治的話題の刺激がある環境で育つことも良い影響を与える。「政治や社会について最低週に一度は話題にする家庭で育った15歳は、そうでない15歳より28ポイント得点が高い」。イタリアではこの違いは読解力で42ポイントの差を生んでおり、もっとも差が大きい国である。

さらに数値を見ていこう。2000年から2009年にかけて、読解力「不足」（PISAレベル2以下、つまり新聞記事の内容を理解するのが困難）の15歳は、22・7％から21％になった。このほとんど気づかれない上昇率は、男子生徒の悲劇を隠している。29％、つまり全体の3分の1程度は文章を前にすると途方に暮れるのである。幼稚園、小学校、中学校を終えた生徒が、である。15歳で読むことを学ばないなら、おそらくその後で学ぶことはほぼないだろう。何かを読むのはスマートフォンの短いメッセージを読むのとは違う。このままでは就職先を見つけるのはとても難しいだろう。

作家のマルコ・ロドリはこの状況について次のように述べる。「もちろんジェルミーニ教育相はぐらつく国立機関のことなど大して気にかけていない。むしろ支援できるその時につるはしを持ってきて、華麗な連打を食らわせた。魚の頭が臭うなら、残りの身はすでに腐っているのが世の常だ。教師は教えることができず、子どもは勉強に嫌気がさし、家族は他人任せで慌ててその場から逃げようとするばかり。水槽はもはや濁りきっているようである」[Lodoli 2011]

カンパーニア州、シチリア州、プーリア州での義務教育放棄率が25%を超える現状に対し、図書館を、子どもたちに第二の可能性を提供する場にすることが急務である。さもなければそうした子どもたちは社会の端で生活するしかなくなってしまう。しかし、まさにこうした州は図書館設備の点で、もっともハンデを負っている。例えば、プーリア州では人口400万に対して図書館は676館しかない。これは、わずかに人口が上回るエミリア゠ロマーニャ州の図書館数の半数である[Solimine 2010, p. 47]。カラブリア州の低い読書率のうち、図書館で読まれた割合は3%しかないが、2010年の予算で1ユーロも州の図書館に充てられていないことを見れば驚くに当たらない。カラブリアの若者には一体どのような未来が待ち受けているのだろうか。

政府は、たとえ大部分の高校生が、文章力、読解力だけではなく、歴史、地理、一般教養の基礎知識の点でも深刻な学力不足のまま卒業しているとしても、高等機関や大学機関への予算を減らしたい。彼らはアルディアティーネ洞窟での大虐殺の背景を説明できないし、憲法改正は共和制という政体を変えるために行うのではないことも分かっていない。もし明日の朝、君主制が布かれたとしても、なにも違いを見出さないだろう。

ボローニャ大学のコミュニケーション学科は、近年、入試で低得点だった学生を対象にアンケートを行った。お決まりの質問の一つ「最近読んだ本はなんですか？」に対する回答は、完全な沈黙を貫くか、高校での授業の記憶を自信なく掘り起こし、例えばアレッサンドロ・マンゾーニの『いいなずけ』と答えるかのどちらかだった。コミュニケーション学科を卒業するにはさまざまなコミュニケーション媒体や形式、つまり新聞、小説、評論にある程度精通しなければならないだろう。しかし新入生さえこうした考えを持ち合わせていないのである。

ここ30年の圧倒的な商業主義的テレビ文化は、文章を深く理解し、考えようとする気を失わせてしまった。それがもたらしたものは、若い世代が日常生活の経験とは関係ない観念を理解したり、用いたりできないという状況だけである。多くの学生が学術カテゴリーと抽象概念を巧く使うことができない。彼らが考え抜いて書いたというイタリア語は、「壊滅的」と言わざるを得ないほど貧弱で不正確であり、無関係の論理を結びつけるために「だから」だけが横行する文章なのである。

イタリアの人文学科の学生の多く（とくに男子）は、試験結果や教授の見解から、危機に瀕した世代だと考えられている。彼らは抽象的思考が不得意で、発育不全の貧しいイタリア語力しかなく、しばしば研究機関の役割について基礎知識がなく、新聞やテレビから伝えられるステレオタイプやクリシェを無批判に受け入れてしまう。残念ながら、総括的に考えられない市民、短絡的にならずに問題に関心を寄せられない市民は、下劣な情報操作やメディアによって作り出された不安を煽る危険なイメージの犠牲になってしまう。

私たちはこうした状況に対し何ができるだろうか？　実際にできることはそう多くない。しかし、学校では教えない文学に触れたり、関心あるテーマを深める刺激を見つけられる機能的な図書館は、新入生の彼らにとって助けとなるのは間違いない。さらに図書館は、子どもたちを読書するように刺激するだけではなく、その親も巻き込んで、現代世界を生き抜く智慧や能力を高める豊かな循環を誘発する場にもなり得る。

イタリアは「読み書きの退化」という重大な問題を抱えているのを忘れてはいけない。学校教育を終えた人は、地理的、社会的、職業的な条件により、徐々に本を読む習慣を失い、情報をテレビ（あるいはゴシップ誌）からだけ得るようになってしまう。なぜかといえば、新聞は彼らにとって難しすぎるものになってしまったから。とくに地方の小さな町の住民、主婦、年金生活者、失業者には、本は無関係のもの、見慣れないもの、どこか脅迫めいたものになってしまった。「みっともない姿」を見せるくらいなら、本のことは無視した方がいいのである。

図書館を救急病院や消防署のように不可欠な「地域の砦」として考える理由は、地図帳でリビアを見つけられなかったり、銀行口座の残高表を読めない大学生を卒業させる国に輝かしい成長は見込めないからである。他のヨーロッパ諸国は、だいぶ前にそれを理解している。

イタリアの人材資本は成長しないばかりか低迷し、そしておそらく減少し、イタリアで成功可能な唯一の分野、「文化」は規則的に虐げられている。２００４年から２００９年で、作家・芸術家の数はスペインで７万７６００人から10万１５００人に、フランスで15万５０００人から18万２００人に、イギリスで14万５０００人から19万５０００人に、ドイツで23万５０００人から32万７８００人に増加した。さてイタリアは？　あろうことにこの分野でも低迷している。イタリアの作家・芸術家は２００４年には11万８０００人、２００９年には11万９０００人である［Eurostat 2011］。さらにイタリアには「文化では食べて行けない」あるいは、「本を読まなくても、アンニョロッティは食べられる」とウソをつく政治家がいる［Turnaturi 2011 p. 226］。

ウーゴ・オリヴィエーリは「文化をカットするとは、科学的・技術的に非常に低レベルな進歩で良しとする発達モデルを想定することである。しかもそれは金融資本や寄生資本に支配され、社会階級を明白に区分し、公共教育機関を消滅へと向かわせる」と述べている［Olivieri 2011］。

ヨーロッパの調査を見てみよう。北欧諸国では文化分野の労働力人口率は２％を超えている。ノルウェー（2・6％）を筆頭に、スウェーデン、デンマーク、フィンランドが続き、ドイツ（2・2％）、イギリス（2・1％）となっている。ラファエッロもミケランジェロもいないノルウェーでは、当然ながら他の手段で文化経済を活性化し、雇用を生み出している。一方、自国におよそ２００万の文化遺産登録があるイタリアでは、ドイツの半分の1・1％なのである。

文化に対する関心の低さは、題目だけはそれらしい会議のなかでも明らかになる。無関心な政治家や時間のない担当者は、こぞって会議開催地の美しさを誉めたたえ、「文化はイタリアの原油である」と宣言し、そそくさとビュッフェに向かう。クリスチャン・カリアンドロとピエル・ルイジ・サッコは次のように言う。「文化と原油は実際には経済的な観点からかなり異なる。文化への投資は堅実さとリスクが求められる。文化の価値というのは内在的なもので、それが経済を生み出すには、社会が高度に発達し、参加意識が高いことが必要とされる。文化生命には、不可侵のインフラ、つまり、人々の広い精神空間や豊かで多角的な経験から成る価値を受容し、与える力が不可欠となる。文化は考える社会、考えることを愛する社会を必要とする。要するに、近年のイタリアからもっともかけ離れたものなのである」［Caliandro-Sacco 2011, p. 98］。

学校や図書館が、市民に独創的で奥深いさまざまな経験の機会を提供し、作り出さなければならないのは、紛れもなくこのインフラだろう。芸術の意義を知る経験を持たない市民の前で、文化経済について論じるのは無意味である。プラスチック製のお土産品、値の張るホテル、まずいレストランで、一体誰の関心を刺激することができると言うのか。これではそのうち、芸術の溢れるイタリアの町を訪れる人はいなくなってしまうにちがいない。

本を読まないのは高く付くことを理解すべき時が来たのかもしれない。このままではアンニョロッティをテーブルに出すこともできなくなってしまうだろう。

図書館と寛容

２０１１年6月にオスロで起きた連続テロはヨーロッパ中を震撼させた。極右思想の青年が政府庁舎を爆破し、その後夏期集会に参加していたノルウェー労働党青年部の若者を乱射したのである。その青年は多文化主義に反対し、キリスト教文明の「原理価値」を復活させるために行ったと主張した。残念ながらアンネシュ・ブレイビクの要求は、イングランド防衛同盟（ＥＤＬ）、イェルク・ハイダーのオーストリア自由党、イタリアの上院議員ボルゲツィオ、スウェーデン民主党、デンマーク人民党、フランス国民戦線党のような外国人排斥を掲げる政党のそれと何ら変わらなかった。つまり、多文化社会の終焉と40年前の文化・人種の同質性への回帰を要求したのだった。

政府やマスメディアの犯した罪は、ネオナチのブログやサイトで作られた「コミュニケーション・バブル」に生きるこれらのグループに注意を払ってこなかったことにある。分断され、完全に個人の属性に基づいたコミュニケーションシステムの危険性は、Wordl Wide Web の開発者であるティム・バーナーズ゠リーも認めている。「Twitter でネットの中立性についての議論を読んでいたのだが、誰一人として控えめではないことにふと気づいた。みんなものすごく怒っているし激しい。速いコミュニケーション下では、単純に理性的な意見は拡散しないのかもしれない。このコミュニケーション回路は、人の感情を加速させる」［Naish 2011］

分断化と過激主義に陥るのは、自分の意見を自分だけに話す状況下では当然だろう。民主的に比較するシステムでは、市民は前もって選び取られていない情報や、思わぬ出会いにつながる情報に触れることが求められる。市民がともに経験する機会を作ることが必要であり、それなくしては、異文化社会は日々噴出する無数の社会問題に立ち向かうことはできない。

人種差別をなくすには、市民に「他」と出会う機会を与えなければならない。ヴェールを被ったイスラム教徒の女性が、私たちとまったく同じ問題を抱えたお祖母さん、お母さん、娘さんだと知る機会が必要なのである。彼らもまた、子どもの世話に追われ、自分勝手な夫から身を護り、公共料金を払い、スーパーで買物をしている。図書館はさまざまな機関のなかでも、適切に規制された中立的な場所でさまざまな人々を出会わせ、偏見をなくすための働きかけを行うことができる。ロンドンのホワイトチャペルにある図書館アイデア・ストアに通うイスラム教徒の女性たちの例からもそれは明らかだろう。

このような意味で重要な経験は、とくにアメリカにある。例えばカリフォルニアでは、数十年前から森林を守る環境主義者と材木会社の間に諍いが起きていた。その地域の就職先といえば製材業しかないこともあり、地元民は材木会社を支持していた。１９９２年、活動家、両者の代表、地元の役人、それからクインシー図書館グループを巻き込んで仲裁が行われた。その時彼らは中立的な唯一の場所として考えられていた図書館に集まり、定期的に議論を行ったのである［Gorman 2005］。

トリノ－リヨン国際鉄道建設計画の問題について考えてみよう。この計画は世論をまっぷたつに分け、ピエモンテ州に激しい衝突を引き起こした。ピエモンテ州にあるスーザ渓谷の集落群には、いくつかのすばらしい図書館がある。政府は建設工事に着手する前に、路線の工事計画について図書館で市民と話し合うこともできた。そうすれば、デモ隊と警察の衝突も少なくなっていたかもしれない。

デンマーク発祥の実験的プロジェクト「リヴィング・ライブラリー」は、イタリアの小都市でも「ビブリオテーカ・ヴィヴェンテ」という名称で行われている。これは図書館で本ではなく人を「借り」、だいたい40分から1時間半程度、経験談などについておしゃべりをするものである。貸出の対象となるのは、移民、ホームレス、トランスセクシャル、レズビアン、交通事故で身体に障害を負ってしまった人など、偏見の目で見られやすい立場にある人々である。どんな国にも偏見はあるだろうが今日のイタリアで優先されるべきは、市民と移民、あるいは移民の子どもが知り合い、彼らもまたイタリア人であることを知ることである。

この「ビブリオテーカ・ヴィヴェンテ」は万能薬ではないが、うまく行っている。というのも図書館という中立の場所で、普段の生活のなかでは出会うことのない人や対立関係にある人と知り合い経験をともにできるからである。場所を提供するという単純なことで、図書館は無神論者、同性愛者、イスラム教徒、浮浪者、エイズ患者、ホームレス、滞在無許可者など、どんな人も遠ざけず、民間の場所とは反対に、図書館のなかではどんな人にも場所があることを示すことができる。不快ではない状況で浮浪者と知り合ったなら、彼らが「社会的カテゴリー」ではなく人間であり、不運な同胞であり、私たちの平穏な生活を脅かすことはないと分かるだろう。

新刊コーナーに人種差別に反対する本や映画を展示するのではなく、さまざまな人に会う「経験」を通じて知らせることができれば、私的な場所に閉じ籠っている人も外に出て、ヴァーチャルではなくリアルな出会いを経験し、世界で起きていることを知ろうとし、孤独や疎外、無知や外国人排斥と闘おうとするだろう。

市民がさまざまな価値観に出合い、何かをともに経験する場所として、図書館は理想的である。イギリスや北欧諸国では、多様な市民グループが図書館に集まり、消費のアドバイスやヨガ、討論会、市議会議員との懇談会など色々なイベントを開いている。安全が脅かされ、プライバシーに関心が払われない社会で、図書館が非登録者に貴重な匿名性を保証することができれば、そうしたことを容易に行うことができるのである。

私たちは身分証明書やクレジット番号を提示するだけでなく、コンピューター上での購入歴やサイトの閲覧歴を特定され、管理されることに慣れきっている。Facebookに個人データを登録したことが、数年後には面倒事や最悪な事件の原因になるかもしれない。公共図書館ではこうしたことは起こらない。助けがほしい時に訊ねる相手がいない人にとって、無記名で新聞やリーフレットを読んだり、問い合わせたい団体の住所を知ることができる場所なのである。

図書館と経済危機

８００万人以上のイタリア人が一ヶ月７８７ユーロで生活をしている。これは貧困層の３人家族の平均額で、７８７ユーロで家賃、光熱費、食費を賄っているのである。イタリア南部だけを見ると、国立統計研究所（Istat）が貧困層とする基準値以下の家族は23％、つまり４分の１にあたる。

貧困層は目に見えないと一昔前なら言われていたが、今日ではそうではない。むしろはっきり見える。羞恥心に打ちひしがれながら施しを乞う年金生活者、仕事も家もなくゴミ溜め場に逃げ込む若者、冬のボローニャのサラ・ボルサ図書館にやって来るホームレスがいる。

これはイタリアに限ったことではない。フランスでは約８００万人、アメリカでは約４５００万人の生活困窮者がいるとされており、人口の15％に「フードスタンプ」と呼ばれる配給を受ける権利を配布している。しかし本当に驚くべきなのは、貧困層の子どもたちの割合が人口の４％にも達することである。あの豊かなアメリカで、４人に１人の子どもが食事にありつけないという第三世界並みの状況に直面しているのである。

数字は冷ややかで、現在アメリカで起きている悲劇的状況を具体的には伝えない。２０１１年５月に私はアメリカをバスで廻ったのだが、車中には自家用車で勤務先に通うことのできない人が乗っていた。それから失業者、シングルマザーにも会った。カリフォルニアでは時給３ユーロで農作業をする移民にも会った（南イタリアのトマトの収穫の賃金と同じ）。

図書館では開館を待つホームレスがいた。彼らは閉館時間になると一斉に退去していった。サンディエゴでは寝袋、段ボール、スーパーのカートをもって図書館から出てくる低所得者がいた。彼らは一日のうちの平穏な時間を終えたところだった。18時からは警官の目に付きにくい公園の茂みや舗道の一角など、寝床を探し始めなければならない。経済危機の犠牲となったそうした人々のなかには、多くの若者がいた。私はその光景にたいへんショックを受けた。

こうした光景を前に、図書館の必要性を問うのは不躾であるように思われるかもしれない。しかしその問いには、アメリカ図書館協会の「2007年12月に景気後退の兆しが現れ始めて以降、図書館は救済の錨となった。図書館ではパソコン講座や、履歴書の書き方や就職面接でのテクニックを教えるセミナーを開いている」という調査報告に先んじて、パブリック・ライブラリーのエントランス前にできた長蛇の列がなによりも答えを示しているだろう。

なぜ図書館が「救済の錨」となったのだろうか？　それは、失業保険や就職希望登録など、仕事や家を失った多くの家族が必要とする社会サービスを受けるためには、図書館以外に行く場所がなかったからである。2009年1月には2500万人以上のアメリカ人が年間20回以上、つまり1ヶ月に約2回図書館を利用している。これは2006年に比べて23％増えており、現在でも増加傾向にある。18―24歳のアメリカ人の半分は図書館でインターネットにアクセスしている［Becker et al. 2010］。

実際、アメリカではすべての公共図書館でインターネットを無料利用できる（2006年ではたったの28％だった）。そのうち3分の2の図書館では、仕事を探し、履歴書を書き、フードスタンプを受給するための相談窓口を開設している［ALA 2010a］。社会保障機構は2012年から自宅に小切手を送付するのではなく、口座振込にすることを発表した。家賃の送金や預貯金の確認をしたかったら、自宅にインターネットがない老人は図書館に行くしかない。アリゾナ州には、老後の生活のために、南アメリカから引越してきた老人たちが通う市立図書館がある。

２０１０年にパブリック・ライブラリーは、税金の支払いや補助金の受給などさまざまな実用的目的のため、２６００万台の省庁専用端末を導入した［Becker et al. 2010］。World Wide Web の開発者ティム・バーナーズ＝リーは、「ウェブ上で公共サービスにアクセスできないとしたら、低所得者や読み書きが充分にできない人はますます不利益を被り、社会から切り離されてしまう危険性がある。インターネットへのアクセスについては、人権として話し始めなければならない」と述べている［Naish 2011］。

したがって、インターネットへの無料接続は、シンプルでありながら重要な公共サービスであり、社会的排除と闘う具体的行為なのである。アメリカでは、大きな図書館なら数十台のパソコンが配備されたフロアがあり、失業者たちの個人ナンバーが登録されている。彼らは求人案内を閲覧したり、補助金の申請をしたり、必要に応じてボランティアの助けを得ることができる。仕事を探すためにやってくる利用者のうち68％が図書館から履歴書を送っている。この2年で家を失ってしまった数百万の人々にとっては、図書館は生きるのに必要な手続きができる唯一の場所なのである［Becker et al. 2010］。これとは反対に、イタリアでは未だにインターネットが利用できない図書館や、公共サービスが長く誇ってきた無償性という伝統に背く有料接続の図書館がある。

経済危機により、ある日突然、社会的マージナルな立場になってしまった人が、以前の活発な生活を取り戻すために生き延びるには、かなりの困難がある。アメリカ図書館協会会長キース・マイケル・フィールズは、２０１０年に「国内の図書館利用率は、10％、20％、時には30％も伸びているのにもかかわらず、図書館への予算は脅かされるか、場合によっては削減されている」と述べた。このような伸び率はイタリアの図書館では今のところ見られない。なぜなら、図書館を共同体の中心として捉える習慣がないからだろう。

多くの雑誌で、ＩＴ技術が私たちの未来にもたらすすばらしさや、その目をみはる進歩についての特集が組まれている。そうした記事を読んだり、国会議長のインタヴューを聞いたりすると、私は怒りがこみ上げてくる。通信環境が過剰だと思われる私たちの社会にも、人口、言語、社会条件による障害は潜んでおり、インターネットが提供する豊かな情報にアクセスできない人は大勢いる。今日だけではなく未来にもコンピューターに不慣れな市民、自宅にインターネット回線を引くことのできない市民はたくさんいるだろう。

イタリアに話を戻そう。ＩＴ技術に関してイタリアは後進国であり、国立統計研究所によるとヨーロッパの最後尾にいる。インターネットを利用しているのは62％の家庭（16歳から64歳までの大人が少なくとも一人はいる）で、これはヨーロッパの平均から比べるとかなり少ない。実際には地域差があり、南部や小都市ではブロードバンド接続がなく、55％の家庭がＡＤＳＬ回線を利用している。また、老人に限ると、利用者はわずか4・6％となる。これでは重要なチャンスを失っているとしか言いようがない。なぜなら老人こそインターネットから多くの恩恵を得られるはずだからである。今の60歳が25年後も元気でいる可能性は非常に高い。もし今の時点でAmazonやYouTubeの使い方を知らないなら、おそらく今後も知らないままだろう。そうした人にとって公共図書館は利用しやすいサービスである。本を読むのに苦労する人は、iTunesを使わなくとも、図書館員にお薦めのDVDやCDを訊くことができる。現代の子どもたちは、ブロードバンド接続やスマートフォン、mp3、オンラインショッピングがない世界を知らないだろうが、イタリアや日本の人口統計を一瞥すれば、65歳以上が14歳以下をどれほど上回っているかは一目瞭然である。2015年のイタリアでは、65歳以上の人口は1300万人を超えている。老人にとってインターネットとは、家族や友人、元同僚と連絡をとる手段にもなるし、そこには計り知れない可能性があるだろう。老人をゴミ溜めのようなテレビ番組に支配される日々から救い出し、彼らに文化や娯楽を知る新しい手段を提供することは、年金を定期的に支払うのと同様、道徳的義務の一つである。

2008年までは、所得で護られる生活が危機に晒されるとは想像もしていなかった。しかし私たちは突然、本に15ユーロを払ったり、新聞に1・2ユーロを払うのが大変な状況に陥ってしまった。実際には、経済危機以前にも家計のやりくりが大変な家族はたくさんいたし、本やDVDは高額ではないかもしれない。しかしそれすら捻出するのが難しい年金生活者、学生、そして家族を養わなければならない教職員がいる状況なのである。

そのことにもっと早く気づいていたら、書籍の割引率の上限を15％に定める新しい法律に反対する運動が起きていただろう。フランスではすでに30年前にこのような法律が作られている（上限は5％）。これは低所得の消費者、とくに学生にとっては重くのしかかっているようである。平均27％の割引を得られる図書館は、本を買うお金も満足にないこの状況下では反則を犯しているようなものである。図書館のような無料の公共サービスは、今後さらに必要不可欠となるだろう。

一世紀前の市長たちが、水道橋や下水道の整備に疑問を抱いていなかったように、公共空間にインターネット環境を整備しなければならない。インターネットは水と同じように、公共福祉の一つであり、市民の基本的権利の一つなのである。

それから図書館の開館時間についても、もっと利用しやすいようにしなければならないだろう。この25年で労働時間は余暇の時間を侵食しつつある。女性は働きながら子どもを育て、多くの場合、年老いた両親の世話もしている。何をするにも時間がない。もし両親や保育園に預けられなかった子どもの世話をしなければならないとしたら、それだけで一日は終わってしまう。本を読むことができるのは、ちょっとした合間か地下鉄に乗っている時間くらいだろう。

フランスのとある地方で、図書館利用に関する一番の難点を調査したところ、主な回答は「時間がない」だった。イギリスのアイデア・ストアは、建設地を選ぶ際、市場やスーパーなど、日常的に市民が通る場所の付近であることを条件とした。イタリアでも、ただでさえ忙しい日常生活で、なるべく無駄なくスムーズに一日が過ごせるように、仕事場から自宅の間に公共機関があることが必要なのである。

ピッツバーグ・カーネギー図書館（スクワレル・ヒル）．図書館の大きな窓の前にソファがある

DOK 図書館（デルフト）．大きな子にも小さな子にも Wii を

サンディエゴ中央図書館
図書館での１日が終わり，ホームレスたちは今夜の寝床を探しに出始める

クイーンズ図書館（ニューヨーク市フラッシング）
ここではすべての人が勉強している．英語を勉強する中国人のお婆さん

クイーンズ図書館（ニューヨーク市フラッシング）
図書館の一角で，老人と子どもがそれぞれ本を読んでいる

ピッツバーグ・カーネギー図書館
1890年にアンドリュー・カーネギーにより創建された中央図書館エントランス

トリノの移動図書（Bibliomigra）．数十カ国の言語の出版物が並んでいる

友達と編み物をしに，図書館にやってくる

カザレッキオ図書館（ボローニャ）．老人にとって図書館は憩いの場

DOK 図書館（デルフト）．居心地のいいカフェが，図書館の中央広場になっている

セドナ図書館（アリゾナ）図書館での古本市．たくさんの人がやって来る

アントワープ図書館（ベルギー）
無料で無制限のインターネットは若者を惹きつける

ボルツァーノ大学図書館
騒音が気になる人には耳栓を！

モイエ図書館（アンコーナ県マイオラーティ・スポンティーニ）
レンガ工場を改築した

カステルフランコ・エミーリア図書館（モデナ）．ビーニ蒸留酒製造所を改築した

第2章 レンガ、書架、電子書籍

お金がない!

地方自治体から予算が割当てられる機関である図書館は、必然的に税収減の危機を被る。欧米諸国では財政赤字が拡大しており、イタリアだけでなくイギリスやアメリカも公的支出の削減を第一に考えている。どの政府も税金の引き上げは回避したい(あるいはできない)ので、できることと言えば予算をカットすること、そして言うまでもなくその対象が軍事費になることはない。これに対しおおいそれと闘争の誓いを立てることはできないだろう。

軍事費以外の予算のなかで、図書館は上がり続ける医療費や不均衡な年金制度(将来的には勤労者より年金生活者の方が多くなる)と競り合わなければならない。イタリア政府は経済危機による損出の大部分を市町村に負担させることにした。そこで地方公共団体は、保育園や老人介護などの放棄できない公共サービスをカットするか、図書館を犠牲にするかを決めなければならなくなった。どちらが選ばれるかは言うまでもない。けれども、私たちには図書館が必要である。「絶対に」必要なのである。

私たちの市長が「職員に毎月の給料を払うこともできないのに、図書館に予算を出すなんてとんでもない」と考えても不思議はない。確かにそうだろう。私たちは地方公共団体の財政がどのような状態であるか分かっている。けれども、市長にはもう少しよく考えていただきたいのである。解決策はあるはずだ。例えば、茄子祭り、スイカ収穫祭、ガチョウ丸焼き大会などは本当に必要だろうか？　それらはたった数万ユーロの支出かもしれない。しかし私たちの図書館にとっては、蔵書購入予算の数倍にも当たるのである。

いつも数万ユーロで済んでいるかというとそうでもない。私はここで、ミス・ビキニやミス・スマイルなどのコンテスト（本当に行われている）に数百万ユーロを費やすイタリアの市町村を列挙した方がいいだろうか？　自分たちの広場に「スター誕生」や「星空ダンスパーティー」といったテレビ番組を呼ぶために費やすばかばかしい経費について話し合った方がいいだろうか？　予算の割当は公衆の望みにしたがって決定される。がしかし、本当に私たちはそれを望んでいるだろうか？　市民は充分に成熟している。世界的な経済危機下でこうした催しを適当な時期に延期したとしても、市民は納得するだろう。

具体的な例を挙げよう。カラブリア州知事ジュゼッペ・スコペッリーティは「ミス・イタリア・インターナショナル」のスポンサーとなり、三週間にわたって Rtl ラジオにその模様を生中継させた。その経費は家族手当てを削減して捻出された。シチリアの観光局長は、２０１１年の夏に６０

0のナイトショーを行っている［Tizzo-Stelle 2011］。

市町村の収支の問題はその惰性にある。２０１１年の文化費は１００ユーロだった、それなら２０１２年には同じ内容で80ユーロにしよう。道路整備費は１００ユーロだった、それなら今年は90ユーロにしよう。このような機械的な予算の割当は、引き続き行われる予算削減により、給料を一番に考慮しなければならず、投資の余地がないという現状に因る。しかし、一方では行政の選択能力不足の結果であることも否めない。文化費と観光費の収支に限って見てみると、祭りや愛好家向けの絵画展の他に、１８００もの文学賞が含まれており、毎年地方公共団体から１０００万ユーロも寄付を受け取っているのである［Parmeggiani 2011］。

図書館の予算を確定する前に、民間団体を巻き込むことについて真剣に考えてみなければならない。これは今後ますます公営団体の資金が少なくなる時代では、避けては通れない道だろう。しかし、資金調達にもその方法がある。銀行、財団、市民は、バラック小屋の未来のためにすすんで寄付をしようとは思わない。もし図書館が斬新な何か、これまでとは違った何か、大胆な何かをしようとするなら、おそらく彼らはもっと快く図書館にかかわろうと思うだろう。レッジョ・エミリアでは人々の関心や情熱を刺激するプロジェクトを立ち上げ、成果を出した。分かりやすいアイデア、明確な目的、信頼に足る人物を提示することができれば、10ユーロではなく一万ユーロを集めることも可能なのである。

近年では市民美術館を開館するのに銀行財団が寄付することがしばしばあり、時にはかなりの額になることもある。問題なのは、どんな美術館より近代的な図書館の方が有益であること、さらにははるかに人が来ることを財団に理解させることだろう（そう思わない人は入場券の売上げ総数を見てほしい。がっかりするような数である）。図書館にはどんなスタジアムよりも市民がやって来る。例えばボローニャのレナート・ダラーラ・スタジアムは3万8000人を収容し、年間19のサッカー試合が行われる。一試合平均3万人が来ると（大目に）見積って、年間では57万人である。では2010年のサラ・ボルサ図書館の来館者数はどうだろうか？　答えは131万972人、つまりサッカースタジアムの2倍半以上である。これに加えてサイトの訪問者数は56万7000人である。おそらくサッカーチームやバスケットチーム、競輪のスポンサーに見直しを勧め、どの機関が一番利益をもたらすかを理解してもらうように働きかけるべきだろう。

他の多くの国では寄付をしやすい法制度が整っているが、イタリアではそうではない。しかし、民間団体と協働し重要な事業を行うことは認めている。本当に「社会的」な図書館であれば、目的を明確に伝えた上で、市民から小額ではないカンパを募ることはできるはずである。

イタリアの富豪は気前がいいとは言えない。むしろ他人に対しては虚栄心のかたまりである。アメリカの文化機関には「寛大なスミス氏により復元された部屋」や「ブラウン女史の庭」、さらには「ジョーンズ夫妻の思い出のベンチ」などにいたるまで、記念プレートがそこかしこに掲示されている。なぜイタリアにはないのか？　ファーノの起業家コッラード・モンタナーリは図書館の改築に600万ユーロを寄付し、当然ながらその図書館は「モンタナーリ・メディアテーク」と命名された。なぜ他の町でモンタナーリに続く例がないのだろうか？

　このプロジェクトは２００６年にファーノ市からモンタナーリ財団に、ある学校の不動産が預託されたことに始まる。モンタナーリ財団は利益追求を目的とせず、科学技術、文化、歴史、芸術、文学、経済、福祉の分野の活動や研究を促進し奨励する機関である。モンタナーリ船舶株式会社の百周年を祝うために、財団は何かしら町にその痕跡を残したかった。それを新図書館の建設により行おうとしたのである。

　イタリアでは個人が身銭を切って公共サービスの援助に乗り出すことはほとんどない。コッラード・モンタナーリはメディアテークの開会式でこう述べた。「これは私たちの若者の未来への投資です。もちろん事業を行ったのは私たちです。しかしそれは私たちの新しい世代が、文化的にさらに豊かに成長し、世界で他の国々と競争できる未来のためだと知っていただきたいのです」［Fano TV］

　市民に図書館にかかわるように求めることは、これからの図書館にとって最良の広報担当者となる人、図書館に友達を連れてくる人、イニシアチブを取る人とかかわることを意味する。こうした関係性は、たとえ初年度には５００ユーロすら集まらなかったとしても、もっとも重要で長期的な資本となる。

　私たち図書館員は何かを選択する際、市民を巻き込まなければならない。アメリカでは投資支出の決定には、ほとんどの場合住民投票が行われ、この犠牲は何かの役に立つと人々が思ったなら積極的な反応を示すことが明らかになっている。私たちも新スタジアム、市役所や県庁の新館、新駐車場の建設の是非を市民に問うてみよう。市民は愚かではない。どうするべきかすぐに明らかになるはずである。

最後に、小額を引き出すいくつかのアイデアを挙げる。まず、図書館は本の寄贈を受けると大抵の場合、不要となった図書を取り除く。それらの本は定期的に2ユーロ（象徴的な値段）で販売される。100冊販売したとしても多額にはならないが、アリゾナ州のセドナ図書館のように、専門的な知識を活かした方法で組織すれば年間数万ユーロを集める例もある。

どのようにするかというと、何よりもまず組織を運営するボランティアが必要となる。それから、参加者が図書館の一員だと感じられるように行うことが重要である。つまり、不要な本を処分するためではなく、新しいこと、図書館らしいこと、書店では得られない好奇心を作り出すことを「寄贈」するように促すのである。例えば、2001年のサン・ジョヴァンニ図書館では、図書館の移転に際して町中の書店に「ご祝儀」のようなものをお願いした。その時のスローガンは「一冊の本で、図書館を手に入れよう」だった。この試みはとてもうまく行き、市民の間に図書館に対する興味や注目を生み、たくさんの本を集めることに成功した。

それから定期的に古本市を開くといいだろう。例えば毎月第一日曜日というように、人々の頭の片隅に残りやすい日付を設定する。セドナ図書館では週末に大規模な古本市を開き、市民の好奇心を刺激している。

私たちはeBayとAmazonの時代に生きているのだから、そうしたサイトで古本を販売できるように取り決めを結ぶこともできるだろう。Amazonと合意し、古書販売業者の一員としてサイトに参加できるようになったアメリカの図書館は、そこから新しい資金ルートを獲得している。

市役所の経理部の方々が、こうした資金の計上方法が分からないなどと言わないことを祈るばかりだが、万一それだけが問題となるなら、モデナのデルフィーニ図書館（やその他多くの図書館）に電話してほしい。彼らがすべて教えてくれるだろう。

図書館にできる第二の行動は、図書館という建物を最大限に利用すること、つまり結婚式、誕生会、パーティーの会場として、あるいはなんらかのロケ地として図書館そのものを貸し出すことである。こんなことを言うと、多くの図書館員たちは「アンニョリ」と記名されたブードゥー人形と針を手に、反論にかかるにちがいない。しかし現実から目をそむけてはならない。ヴェネツィアやフィレンツェの歴史的建造物で非居住者が結婚式を挙げるには、市役所に高額の使用料を支払わねばならない。イタリアにはすばらしい建物内に付設された図書館がいくつもある。指輪を交換する新郎新婦は、ボローニャのアルキジンナージオ図書館（旧ボローニャ大学舎）の中庭やオブラーテ図書館のテラスでの記念写真に250ユーロかかるとしても、法外だとは思わないだろう。土曜日の午前中だけ2組の結婚式を挙げるとすると、一週間で500ユーロ、潜在的には年間2万5000ユーロとなる。もちろんすべての図書館でできることではないが、美しい歴史的建造物内にある図書館の数は少なくないはずである。

同様に、閉館後に図書館を貸し切り、パーティーを開きたい人がいるかもしれない。例えば、子どもたちにとって「図書館誕生会」は忘れられない思い出となるだろうし、100ユーロの使用料に憤る親はいないだろう。

スポンサーをおそれることはない。なぜ図書館を商業目的で利用することに恥じ入らねばならないのか？　地元の有機野菜を売る「ゼロ・キロメーター」マーケットや地域の名産ワインの試飲会を開く図書館が家の近くにあったらどんなにいいだろう。図書館の出入り口付近にいつもBMWが駐車されていたらうんざりするが、新進気鋭の監督からBMWのCM用に図書館の書架を撮影したいと言われて嫌な気分になることはない。ペーザロのサン・ジョヴァンニ図書館では地元メーカーの製品でシャワー室を設置したのだが、この図書館では個人の衛生管理にまで気を配っているのかと利用者の間でとても評判になった。私はサウナ室も作りたかったのだが、残念ながらどの市役所職員も目先のことしか考えられなかった……

すべてのサービスが揃う屋根のある広場

私たちは何を実現したいのだろうか？　ここで話している「図書館」は、市民にとってサービスと文化の中心となるような場所のことである。私の考える機関とは、人々が情報を得られ、調べものができ、気楽に過ごすことができるだけでなく、証明書を発行したり、先に述べたように結婚式を挙げられるなど、実用的な事柄も解決する屋根のある広場である。

民間企業はだいぶ前から、お客に一ではなく千を提供し、空間を最大限に利用する必要があることに気づいている。例えば、タバコ屋では公共料金の支払いができる。バールではスピードくじ、キオスクでは帽子やサングラス、書店ではぬいぐるみやリュックサック、フェアトレードの店ではメキシコ産のチョコレートやエチオピア産のコーヒー豆やアフリカの民話、IKEAではガーデンチェアだけでなくペーパーナプキンやスウェーデンの冷凍ミートボールを買い求められる。なにも新しいことはない。客を獲得するには、探しているもの（そしてとりわけ探していないものも）がそこにあるようにしなければならない。

経済危機が起ころうと、どうやら最大限の選択肢を得ようとする消費者の欲求は変わらないようである。大型スーパーでは子どものための学習帳も、キオスクでは本も、書店ではおいしいコーヒーやトマトソースも手に入る。新設の公共図書館は、提供できるサービスの幅を広げる取り組みをまだ充分に行っていない。まずはミネラルウォーターやスナック菓子の自販機がある喫茶コーナーを、もう少し魅力的なスペースにすることから始めてみてはどうだろうか。

図書館を出会いの場にすることが私たちの目標ならば、さまざまな理由で市民が図書館にやって来るようにすることである。手始めに各種証明書の自動交付機を設置したら、市役所で行列することができない人やしたくない人にとって、とても有益なサービスになるだろう。図書館員やボランティアがどのように貴重な紙切れを取得できるかを説明すれば、市民から感謝されるにちがいない（現行の機械は使い易いとは言いがたい）。

中小都市なら、第二のステップとして、図書館内に情報センター局を設ける。例えばミラノ郊外のペーロでは、元商店だった建物に「プント・ペーロ」という図書館窓口を設置し、本の貸出だけでなく、食堂の利用や通学定期券の登録手続きを行えるようにした。実際、この窓口は市民から非常によく利用されている。図書館は、情報を得られるだけではなく日常生活の助けとなる場所として、市民から認知されなければならない。

職員は書誌学に関する質問（だれもが文献目録の使い方を知っているわけではない）だけではなく、他のさまざまな問い合わせにも答えられなければならない。例えば、「うちの犬にシラミがいるんですが、どうすればいいですか？」「どこに行ったらアフロヘアにできますか？」「ＥＵで研修員をするにはどうすればいいですか？」といった質問すべてに、そしてその他の多くの質問に答えられなければならない（実際に、どの質問も図書館でよく訊かれるものである。ペット用の手引書や美容院のガイドブックを自宅に置いている人はそういない）。

「インフォメーション・ガスステーション」は、すでに90年代にヘルシンキの図書館で始められたモデルである。これは市民からのどんな平凡な（または難解な）質問でも受け付け、かならず答えるという試みである。例えば、バルト海の経済統計はどこに行ったら調べられるか、１９５４年度のホッケーの世界大会の結果を知りたい、若い頃にできたニキビ跡は形成外科で治療できるのか、クッキーは数日経っても柔らかいのになぜパンは固くなるのか、といった質問が寄せられている（質問への面白い回答は以下。http://www.scienceshorts.com/Ssw/060520.htm）。このようなサービスの価値を低く見るのは大きな間違いだろう。このサービスの成功（Yahoo! Answers のようなサイトの限界）が示すのは、Google で検索しても多くの人は求める情報をうまく探し出せないということである。もし丁寧に、正確に、質問者の意図に沿った回答を提供できれば、インフォメーション・コミュニティは市民から重宝されるのである。

人々は、"gnocchi（ニョッキ）"のスペリングやハリー・ポッターのその後を知りたいわけではない。多くの人が知りたいのは、危険廃棄物から身を護る方法や最も条件の良い銀行口座の持ち方である。北欧の図書館には消費アドバイザーが常駐しており、彼らの相談窓口にはいつもたくさんの人がやって来る。同様に、弁護士事務所に行くお金のない人には無料の法律アドバイザーもいる。なぜ他の団体に図書館のスペースを利用するように提案しないのだろう。CGIL（イタリア労働総同盟）やCISL（イタリア労働者組合同盟）やUIL（イタリア労働者連合）やACLI（イタリア・キリスト教労働者協会）にとっては有益な話だろう（確定申告や年金の算出をどこで行えばいいのか知らない人もいる）。アメリカの有能な失業者たちは、図書館を一時的な事務所として利用し、そこで情報交換をするなど、お互いに助け合っている。こうしたことは私たちの国でもできることではないだろうか。

こうした活動は、図書館は「友好的なサービス」であり、日常の仕事をスムーズにし、したがって生活の質を向上させる場所であるという評判を勝ち取るために欠かせない。昔からイタリア市民は公共機関に不信感を抱いてきた。それをまんざら不当だと言うこともできない。しかし、もし図書館が社会的役割を果たし、然るべく機能したなら、そうした不信感はぬぐい去られ、心のこもった賞讃に変わることもしばしばあるのである。

もちろん図書館は、第一に、人々が文化に触れる場所としてである。けれども私たちはこれまでの「文化活動」（図書の貸出や映画の上映会）という概念は時代遅れだと潔く認めなければならない。これからのイニシアチヴは下から発せられなければならないだろう。読書会を開きたい、共済組合を作りたい、バードウォッチング・サークルを作りたいといった市民の声を受け入れ、サポートし、気を配り、アドバイスして初めて図書館として成功する。新しい図書館、あるいは改築された図書館は、そうした要望に応えられるように、座席の少ない部屋が複数あるように設計されるべきである。ダンス講座を開くのもいい。しかし利用者の声に応え、一緒に実現させようとする職員を育成するのはもっといい。つまり図書館はあらゆる創造活動と文化消費のファシリテーターとして機能しなければならないのである。

この点から、市町村はさまざまな機関が分断化されている現状について再考し、調和する構造に向かわせなければならないだろう。図書館は美術館で行われることに無知でいてはいけないし、美術館は新しい方法で所蔵品を展示することもせず、チケットを切るだけで生き延びる権利を享受していてはならないだろう。

建物について

新しい図書館を建設する際、深く考えずに「安易な」選択をするのはなんとしても避けなければならない。イタリアでは新しく図書館を開館するとき、以前の歴史的図書館（資料保存を目的とする）を残したまま、異なる運営を行うことが多い。例えば、ピストイアではサン・ジョルジョ新図書館とフォルテッグエリーナ旧図書館、ペーザロではサン・ジョヴァンニ新図書館とオリヴェリアーナ旧図書館というように。ヴェローナ市立図書館やラヴェンナのクラッセンセ図書館は、館内の空間や廊下、屋根裏を改修し、新しいサービスを設置した。つい最近、長い改築工事を終えたフェルモのロモロ・スペッツィオーリ市立図書館は、眺めのいいポポロ広場に面したキッズスペースを設けている。

フランスでは別の方法をとっている。ボルドー、ポワチエ、リモージュといった重要な図書館の歴史的蔵書は新しいメディアテーク内に移設され、意義ある一部となっている。しばしば回廊のある中庭を改修したり、古い建物のすぐ脇に新館が建設される（フランス人は私たちと違って、図書館は歴史的中心地にという強迫観念がない）など、すでに市民がもつ図書館の中心性を保ったまま、図書館を拡張することで新しい利用者を獲得している。

いずれにしても建物・場所選びで重要なのは、特定の用途目的がない限り、公有地だからという単純な誘惑にやすやすとのらないことである。イタリアの町の多くではすべてが歴史的中心地に配置されていることが多いので、自然と選択肢は限られるだろう。しかしながらその建物の良し悪しについては知っておかなければならない。場所が悪い、内部が暗い、小さな部屋に分かれすぎているといった建物は図書館には不適切だろう。省エネについて考えるなら、ヨーロッパ基準を遵守するには改築費に費用がかかりすぎるかもしれない。一方で、一見したところ不適切だと思われる短所も、ボローニャのサラ・ボルサ図書館がそうだったように、長所になることもある。

また、図書館はすべての人にとって行きやすい場所に配置されるべきであるという明白な法則にしたがうこともできる。この場合、駐車場、公共交通機関、自転車専用道路の有無については前もって検討しておく。図書館の建設に合わせ、交通手段を整えることもできる。例えば、フランス国立図書館新館のフランソワ・ミッテラン館をパリ13区に建設した際には、それに合わせて地下鉄の新路線を引いている。しかしイタリアで同じことをするのはおそらく難しいだろう。なにせ省庁はローマとフィレンツェにある国立図書館の慎ましやかな開館時間については極力ふれないし、資料の所蔵についてすら明確に保証できないのだから。

一番良い方法は、おそらくいくつかの配置案を比較し、それぞれの長所と短所を吟味することだろう。

郊外での大型ショッピングセンターの蔓延は、数年前には予想もしなかった可能性を作り出した。つまり、ショッピングセンター内に図書館を開設するのである。イタリアでもショッピングセンター内に貸出窓口（プラートの大型スーパー Coop 内）や図書館そのもの（モデナの「ラ・ロトンダ」）を設置した例がある。たしかに容易なことではない。賃料の支払いがない図書館にとって、

特徴	解決案A	解決案B	解決案C
想定利用者数に対する面積			
立地場所			
交通機関			
地域における可視性			
自然光の質			
未来に向けての柔軟性と可変性			
屋外スペースの有無			
改築費			
運営費			
省エネルギー			
使いやすさ（子ども、老人、障害者）			
地域に与えるインパクト			

利益の論理との共存には多くの衝突があり、多くの仲介が要る。そのため最初からすべてのことについて一緒に計画することが必要になる。しかし不可能なことではない。結局のところ、建物の使用を認可するのは市町村である。だからいくつかの基準をもうけ、建物の使用に図書館の設置を条件に入れることもできるだろう。海外では、しばしばショッピングセンターの方が図書館の併設を望む。それは図書館というイメージがショッピングセンターに有利に働き、図書館の利用者もまた潜在的な顧客となるからである。

では図書館にとって得はあるだろうか？　ショッピングセンターは人々が日常的に足を運ぶ場所である。この点を活かしてロンドンのアイデア・ストアは成功した。それからショッピングセンターの設備が利用できる（駐車場、休憩場、映画）。障壁となるものがない。単独の図書館に行くのとは違い、本の文化に馴染みのない市民も近づきやすい接客サービスがある。ショッピングセンター内の図書館は、特に老人たちから好まれているが、それは空調設備が整っており、安全な場所であり、時間を節約できるからである。

都市の変化から生まれるもう一つの可能性は、廃工場の利用である。都市が拡大したことにより、実際それらは町の中心付近にあることが多い。ピストイアのサン・ジョルジョ新図書館はブレダ社の元工場に、ポンテデーラの新図書館はピアッジョ社の元工場に開設された。また、マイオラーティ・スポンティーニ（これについては次章で触れる）では元レンガ工場に、プラート、キエーリ、パデルノ・ドゥニャーノでは元繊維工場に、カサルプルテルレーニョでは元穀物倉庫に、カプリでは元帽子工場に、カステルフランコ・エミリアでは元リキュール蒸留所に、オペラでは元プールに、オリアーゴでは元映画館に、トレヴィーゾでは元体育館に、ロナーテでは元教会に、マントヴァでは元屠殺場に、ローマでさえ、元牛舎に開設したヴァッケリーア・ナルディィ図書館がある。その他、多くの町でさまざまな例がある。

このような建物は、建物自体にその土地に根付いた歴史があり、市民の記憶の一部となっている。したがって新設の建物にはない魅力がある。さらに大抵の場合、広さも適当であり、空間の可変性もあり、簡単な壁工事だけで空間を拡張したり、小分けにしたり、エネルギーの観点から効率的にすることができる。もちろん改築に莫大な費用がかかる場合や、ありきたりな空間にしかできない場合もある。そのような時には、新設するための土地を探した方がいいだろう。

海外で非常に成功した戦略の一つに、都市の評価を上げるのに新しい図書館を利用するというものがある。例えばウィーン市立図書館の新設された本館は、あまり評判の良くない地域に、地下鉄の駅にまたがるように建設するという大胆な計画を実現した。同様に、2004年にはマルセイユのパニエ地区に巨大な新図書館が建設された。イタリアではミラノの欧州文化情報図書館（BEIC）とトリノ市立図書館の計画がそうした方向性で進められていたが、（すでに大部分の予算を使ってしまったため）予算不足で突然中止されてしまった。

もっとも急進的な計画は開発途上国で実施されている。例えばコロンビアの首都ボゴタにあるヴィルジリオ・バルコ図書館は、巨大な公園内にそびえ立っているが、そこはかつてゴミ処理場として利用されていた場所である。ボゴタには52の図書館があり、毎年５００―７００万人の市民が利用しており、２００７年にはユネスコから「世界　本の首都」に選定された。

もちろん都市が再評価されるには、公営・私営の建物、都市の安全性、交通の便に関する多角的な介入が必要である。図書館だけが取り残されるわけにはいかない。どのような解決案を採用するにしても（歴史的建造物、廃工場、新築）、図書館はできる限り運営費と維持費を抑えられるようにつくられなければ、「生きる」ことはできない。古い建物は魅力的に見えるかもしれないが、数年後には屋根の修繕、壁の補強、湿気退治に耐えがたい費用が必要となるかもしれない。同様に暖房や冷房の問題もある（管理局は歴史的建造物の屋上を草木で覆うことを決して許さないだろう）。新設の場合であれば、今の段階で、電気料はゼロというように、自立的なエネルギー構造をもつように設計することができる。

歴史的建造物は空間の可変性に乏しく、空間を拡張するのはほとんど不可能である。実際に建つまでには数年かかる（かかりすぎる！）こと、図書館はこの先何十年も機能しなければならないことを先に熟考しなければならない。つまり、その場所は数十年後にも適切であるかを検討しなければならないのである。職員配置の点からも、古い建物は経費がかさむ原因となり得る。複数ある入口に警備員を配置するのは困難だし、フレスコ画やモザイクがあれば管理部が必要となってくる。改築工事が終わった後にやっかいな驚きにあわないように、前もってあらゆる難点について対処しておくべきだろう。

計画

さて、ここでは具体的事例から始めよう。2004年、私はある同僚（週25時間勤務のアルバイト職員）から連絡を受けた。用件はアンコーナ県の地方、マイオラーティ・スポンティーニ市の行政との話し合いに来てくれないかというものだった。この市の人口は6132人で、標高405メートルの丘にある旧歴史地区にはわずか400人しか住んでいない。その他の人々は7つの集落に、そのうち4555人は丘の麓に不定形に広がる集落モイエに住んでいる。いま私たちがいるのは、マルケ州のイェージ近く、ヴァッレズィーナの中腹あたりである。

この話し合いは新しい図書館の計画概要の説明と、建設候補である元レンガ工場が果たして建物として相応しいかを検討するために行われた。私はナッザレーノ・ペトリーニ氏からよく練られた計画の説明を受けた。2階建ての建物で、1階は各種サービスごとに区分けされた小さな部屋、2階は小さな図書館と250席を収容する大きな部屋、屋根裏は音楽室で構成されていた。

説明を聞いて、私はレンガ工場全体をひとつの図書館にし、設備品には移動しやすいキャスター付きのものを使用するように計画を見直してはどうかと提案した。それから250席あるという大部屋は年に何回利用することが見込まれているのかを尋ね、どんな場所でももっとも利用されるのは30～50席の部屋であることを説明した。すると話し合いの参加者は一様に押し黙った。そして設計した建築家はこう言った。これは行政の要望にしたがって設計したのです。設計を一からやり直すのは無理です、と。技術者たちも修正する時間はありませんと続いた。行政の職員は口を結んだままだった。

私は考えを主張し続けた。そして最終的に私の小さな闘いは勝利した。その瞬間から、建築家、図書館員、行政との密な協働作業が始まった。建築家は以前よりもやる気を増し、図書館員は文化イベントなどの図書館計画を考え始めた。行政には開館時間を長くすること（小さな町では人件費が財政を圧迫するので、開館時間は短縮される）、募金の集め方、カフェの付設について説得した。

5年におよぶ濃密な協働の間、2名の異なる政党の行政担当者は作業にも計画にも疑問を差し挟まなかった。管理局には床に特殊な資材（1階はカラフルなセメント、2階はカーペット）を使う必要性を理解させた。どのように図書館の内部や外部を利用するか、どのような種類の内装にするか、蔵書の選出、各種サービスの配置の仕方、開館時間にいたるまで、すべての決定は全員で議論し共有された。それからグラフィックスタジオ MA:design との作業が始まった。利害関係のある人や地域全体の利用者を巻き込めるような図書館の名前、各種サービスの記号、館内サインの有無、その素材について話し合った。すばらしいプロセスを経て、最良の結論にたどりつき、2007年に eFFeMMe23 図書館はオープンした。

ところでこのような図書館への投資はどのように可能になったのだろうか。マイオラーティ・スポンティーニには20年程前にゴミ処理場が建設され、それが投資の元手となったのである。当初この建設計画には住民からの強い反対があった。しかし最先端の技術を導入し適切な場所に建設されれば、たとえ年間1億8000万トンのゴミを処理しても環境破壊は起こらないことが分かると、住民も建設を受け入れた。処分場は現在の空間が尽きたら森林に移設されることになっている。

ゴミは市に毎年600万ユーロの収入をもたらし、市はそれを図書館、学校、サイクリング用道路などの建設に投資している。レンガ工場を図書館に改築するのに当てた予算は300万ユーロである。これは住民6000人の市にとって小額ではない。

この図書館は、2008年にトリノ・最優秀企画賞（グラフィック部門）、2009年にミラノ・トリエンナーレ・リノヴェーション建築金賞、イタリア建築学会賞（マルケ州）、2011年にコンパッソ・ドーロ佳作、「本の町」賞などさまざまな賞を獲得した。

しかし本当の成功は、図書館が町の外れにあるにもかかわらず、本が読まれるようになったことにある。2011年1月—6月の貸出冊数は1万8871冊、年間ではおよそ3万7000—3万8000冊、利用者数は5万人だった。館内はもちろん、屋外、付設カフェ、展示室（レンガ作りをしていた地下を公開している）でもWi-fiに接続できる。2010年には109の文化イベントと72の学校見学会を行っている。

共同体にとってもはや不可欠だと認められるようになった図書館サービスは、どのように作り上げられたのだろうか。奇跡はなにひとつない。政策方針は違うが先見の明をもち、粘り強く、外部の力を利用することの必要性に自覚的な行政、図書館学や文化政策に関するアドバイザー、コミュニケーション手段を整えるグラフィックスタジオ、レンガ工場の改築設計の経験がある建築家がいただけである。行政関係者は積極的にこの事業にかかわろうとし、最初から全員がまとまって作業をすすめ、職業的な専門性を尊重し、市長と副市長はかならず打合せに参加した。

これは唯一無二のケースだろうか？　いや、多くの市町村で新しい図書館が開館され、どんな行政も象徴的な価値をもつ文化サービスに投資する重要性を理解しているはずである。美しい場所、質のいい場所に図書館が置かれ、社会的、文化的、技術的変化に応じられるように柔軟性をもたせて図書館計画が考え抜かれたなら、地域を成長させる真の要素となるのである。「20年前のモイエは県道沿いにばらばらと散らばった集落の寄せ集めだった。ゴミのおかげで私たちはモイエを変えることができた。今ここで、私たちはこれまでなかった魂を町に吹き込んでいると言ったとしても、自惚れではないだろう」［Ramazzotti 2009, p. 57］。ゴミ問題に悩む南部の町でなら、一体いくつの図書館を誕生させることができるだろう！

それではここで、うまく行った経験を一般化し、すべきこととそうではないことを見ていくことにしよう。誤った第一歩を避けるためにまず最初にすべきことは、サービスの受け手となる人がどのような人なのかを分析することである。つまり、新図書館の利用者はどのような人なのかをはっきりさせるのである。残念なことに、多くの行政はその町の人口データの現実について、充分に理解しようとしない。ところが、これはよりよいサービスを行うためには必須である。それにより図書館を建てるのに適正な場所、蔵書の量と質が定まってくる。そして図書館の空間作り、組織、優先すべきサービスを決めることができる。

データの分析が必要なのは、計画を練る際の客観的な基礎となるからである。この調査がなされないとなると、その地域の住民に適ったサービスの計画はむずかしくなる。さらに、この調査によってのみ、新しい利用者を獲得するような戦略的サービスへの投資が可能になる。

例えば、重要なデータとしては、年齢別の人口データが挙げられる。まず第一に、図書館が社会的役割を果たすためには、子どものためのサービスが必要とされる。しかしイタリアでは65歳以上と80歳以上の人口が増加している。きわめて単純なこのデータにより、私たちは時代の流れを直観し、高齢化社会に向き合うことが責務であると分かる。つまり、その場合は異なるサービスが必要となってくるのである。老人が必要としているのは、徒歩や自転車で行きやすい場所である。利用時間も子どもや勤め人とは異なるし、大きな文字で書かれた本も必要である。人口のおよそ30%が60歳以上であることを見逃すと、3分の1の住民は使えない、あるいは使おうと思わない図書館を開いてしまうかもしれないのである。

建物の新旧を問わず、その場凌ぎの決定はなされるべきではないし、選挙時期に合わせて開館期日を定めるべきでもない。一般競争入札は規定にしたがってなされるべきであり、くだらない、または恐喝まがいの申し立てを許容する余地のないように、入札に参加できる企業や下請け業者に厳しい資格をもうける。さらに最低入札価格についても限度を定める。なぜなら、破格の低価格で入札に勝利した企業は、最初の入金の後で倒産するか雲隠れしてしまうという、ある一定の傾向が見受けられるからである。

残念なことに、イタリア行政の公正さに関するメカニズムは、きわめて下らない不正な申し立てを延々と続けさせ、地方行政裁判所の取り決めとは矛盾し、計画の決定や工事の着手について数年も遅れさせる。これは公費の無駄使い以外の何ものでもなく、私は激しい怒りを覚える。なぜなら、そうした下らない申し立てのために、サービスを提供するタイミングを逃し、質を貶める結果となるからである。

サービスに関わる決定は、充分な能力をもった作業グループで行うべきである。今日、図書館を計画することは昔よりもはるかに困難である。なぜならさまざまな要望、期待、必要に応えなければならないからである。図書館とは、新しい建物、あるいは既存の建物の急進的な再構築を意味する（規定内のサービスを再検討する機会だと捉えるべきである）。いずれの場合も、解決すべき問題は数多くあり、内外の専門家たちの能力に負うところは大きい。調整はいつも難しく、多くの場合で計画の実行を大幅に遅らせる原因となる。したがって作業チームには、図書館学的な問題だけでなく構造的な問題に取り組むために幅広い決定権が委ねられるべきである。

照明、防音、配電などの技術的側面に加え、職員の配置、サービスの配置、内装設備に関わる鍵となる事項は、実務能力や管理能力のあるチームのもとに集められ決定されなければならない。もちろん新図書館の計画には、これまでとはまったく違う状況をうまく切り盛りできる職員を再教育することも含まれる。それは長く忍耐のいる仕事であると前もって知っておく必要があるだろう。

図書館本部を移設する場合は、「引越」するのではなく、新図書館を開設することを広く知らせる良い機会だと捉えるべきである。

市民とともに図書館をつくる

ここまで述べてきたことは、図書館がコミュニケーション力に長けていなければなんの役にも立たない。つまり、図書館というのはやや古いブランドであり、時代遅れで面白みに欠けるのである。図書館に興味のないお客を、可能なかぎり惹きつける魅力的な広告を作らなければならないのは明らかだろう。

効果的なコミュニケーションは、時間をかけてでき上がる。図書館の計画（改築をふくめて）に何年もかけ、オープニングの24時間前に新聞に案内広告を載せるなどというのは馬鹿げた話である。どんな計画でも町全体を参加させ、そのプロセスのなかで成功への種を芽吹かせるものである。市民の意見を訊き、協会と連絡をとり、社会団体や文化団体を巻き込むように働きかけなければならない。

したがって、その図書館が町にどのような恩恵をもたらすのかを示し、みんなから期待されるように活動しなければならない。同時に、疑問や批判や反対意見にも応えなければならない。このような参加の過程を経ずに図書館を開館しても、新しい利用者に近づくことはできないし、図書館を知ってもらおうと長い間行ってきた努力も水の泡となってしまう。

第一印象は大切という法則を尊重しよう。もし市民に、繁華街の店より居心地がよく洗練された公共の場があることを伝えたいなら、重要なのは図書館に足を踏み入れたときに「家にいる」ように感じさせることである。したがって、建物の外観、室内空間、職員の雰囲気がいい加減であるのは禁物である。

残念なことに、館内の案内板や標識といったサインのデザインに関しては見過ごされやすい。この分野が図書館計画に含められることはほとんどなく、それについて考え始めるのは、往々にして予算が尽きた後である。そのため「自家製」のサインが生まれる。しかし、図書館の視覚的アイデンティティは、最後の瞬間ではなく時間をかけて練られなければならない。オープニングの案内広告も同様である。

公共サービスの視覚的アイデンティティは、建築家や内装業者によって考えられるべきではない。そうではなく、図書館計画の責任者、職員、グラフィックデザイナー、広報責任者、そして建築家というように、さまざまな専門家からの意見を比較して決めることが必要である。イタリア的な悪習では、多くの場合、一番重要なサインのデザインは建築家に依頼し、それ以外のものは全体との調和を考慮することなくその場まかせに、手書きされている。

どんな有益な目的があるのかはっきりしない、良識を欠いた規則とサインは、図書館につきものである。それらは過去の規則から拝借してきたもの、昔の保存のための図書館で必要とされていたものであることが多い。しかし今日私たちが行うべきなのは、図書館の空間をもっと普通に、友好的にすることである。

第Ⅱ部　新しい「知の広場」

はじめに

私たちの日常生活は、自宅と仕事場、子どもの学校、いつも行くスーパー、一杯のカプチーノのために立ち寄るバール、新聞を買う広場といった範囲で行われる。この物理的範囲は、ご近所、同僚、子どもの学校の先生、地元の商店、友達との関係性（良くも悪くも）で成り立つ。たとえ日々「ヴァーチャル世界」で誰かと連絡を取り合っているとしても、私たちの生活の質を決めるのはその町にある関係性とサービス（公共交通機関、広場、保育園、学校、美術館、映画館、劇場）である。もし町に公共図書館がなかったら、その町の社会的背景は損なわれるだろう。なぜなら公共図書館は、知識の場、平等の場、社会性の場、発達の場であるからだ。今こそ政治家たちは、このことを理解すべきだろう。

近年、公共機関の民営化やサービスの縮小を強いられる市町村では、社会的背景の質が低下し、空間は分断される傾向にある。例えば、町の中心をショッピングセンターに変え、郊外は放置したままにしている。社会的損失を軽減するには、行動を起こし、人々を巻き込み、空想の力と政治的意思を見せる必要がある。図書館とは、そのためのプロジェクトの一つなのである。

なによりも必要なのは、図書館は想像するよりはるかに豊かな場所であり、入りやすい場所であり、どんなスマートフォンより「知的である」と市民に明らかにすることである。それには、市民から図書館には民主主義の理想が本当にあると感じ取られることが条件となる。図書館が社会を結束させるゆりかごとして機能し、共同体のなかでエネルギーを発揮したいなら、「上から」構築し、運営されてはならない。つまり、市民の声を聴くことから始めなければならないのである。

残念なことに、参加というのは発想としては魅力的だが、多くの場合、単なるマーケティング戦略のスローガンとして受け止められるか、実現に失敗するかのどちらかである。そうではなく一つのプロセスでなければならない。そこには皮肉や空想力や決断力が必要とされる。しかし行政も私の同僚である図書館員も、しばしばこの資質を欠いている。なぜなら、凝り固まった慣例の後ろに引きこもり、図書館を貸出サービス機か読書室として機能させ、他のことに気を回さずにいる方がはるかに楽だからである。

ここでは、なぜ市民を巻き込む必要があるのか、またどのように市民を巻き込むのかについて説明する。図書館の質を向上させるには、市民の意見を充分に考慮しなければならない。イタリアには、市民がどのようにその建物を利用するか、市民がどのようにそこに「住まうか」を考えずに設計・改築されたり、防音設備、掃除のしやすさ、運営や管理の経済性、動線の良さを考えずに建材や資材が選ばれたりすることが多すぎる。したがって、第II部では騒音、空気の流れ、バックオフィスの設置場所について検討していく。これらは些細なことである。しかし市民は今日の図書館のあるべき姿を本当の意味で理解している。私は新しい図書館計画に関する市民との懇談会に参加する度にそれを知り、非常に驚かされる。興味深い発想は、決して技術者や政治家から生まれるのではない。市民とともに考えられ、つくられた図書館の方が確実に良いものになるだろう。

20年、30年先にも図書館は存在しているだろうかと自問する必要はない。なぜなら世界中で新しい図書館が建設（改築）されているからだ。デジタル革命により人々は知識を増やすことを余儀なくされている。それにより、情報がほしい人、勉強したい人、知識を深めたい人、インターネットのカオスを整理したい人は物理的に相互作用できる空間をこれまで以上に必要としているのである。新しく生まれ変わることのない図書館は危機に瀕するが、図書館員、つまり情報収集のスペシャリストは、ますます必要とされるようになるだろう。なぜなら、図書館員は情報、音楽、映画、ゲームといった分野への興味を刺激するだけでなく、ニュースの真偽を確かめ、正確な情報源を探し当てる助けとなるからである。

タブレット端末でできることより独創的で、創造的で、集団的なことをしたい市民には、従来の図書館とは異なる場所を提供できる。例えば、イタリア各地にある読書グループは、本を読み、議論し、ともに文化を創造するという経験を提供している。ニューヨークでの「ウォール街を占拠せよ」、イスタンブールでの「ゲジ公園」のような反政府運動、それからローマのヴァッレ劇場の閉館反対運動は、塵をかぶった図書館の棚に新鮮な空気を取り込むのに少々役立つかもしれない。

第Ⅱ部で主に扱われるのは新しい「知の広場」、つまり世界中の新しい図書館で優勢となってきた傾向についてである。その特徴や活動の仕方、新しい図書館、あるいはリノヴェーションの実現にむけてのプロセスについて分析をしていく。また、イタリア各地で私がたずさわった図書館の立て直しについても触れる。それから、オランダ、フランス、日本の実例と、イタリアの伝統的な図書館について、長所と短所を含めて分析する。とはいえ、どんな図書館にも有効で完璧な処方箋などというのは存在しない。それぞれの状況は異なるし、市民を巻き込まずに図書館の未来が開かれることはない。成果を得るには、新しい社会エネルギーを動員し、図書館を本の倉庫ではなく「文化的エンジン」に変えなければならないのである。

第３章　私がほしい図書館

未来はわれらのもの

『華氏451』の主人公ファイアーマン、ガイ・モンタークが帰宅すると、妻のヘレンがこんなことを言う。視聴者参加型のテレビゲームに参加したらきっと楽しいにちがいないと。「ほんとうに面白いのよ、でももっと面白いのは、壁にテレビを設置すること。壁を取り壊してテレビ壁にするには何ヶ月くらい節約したらいいかしら？　たった2000ドルでできるの」と。夫はその数字は年収の3分の1に値すると言う。しかし妻は引かない。「インタラクティブな家がほしいわ、そうしたらテレビの画面からありとあらゆる異国の人々が家に遊びに来られるじゃない」と。

この小説が書かれたのは1953年、トリュフォーにより映画化されたのは1966年のことである。愚かなヘレンの夢はもはや叶えられてしまったと言っていいだろう。今日では世界とコンタクトを取るためにマイホームを購入し年収の3分の1を投じなくともスマートフォン一台あればいい。バスの車中、電車内、リミニの海辺、ドロミテ渓谷の山頂で映画を鑑賞し、音楽を聴き、メッセージを送り合い、「あらゆる種類の異国の人々」と一緒に写真に収まることができる。イタリアでは一日に５００万の写真が共有され、Facebookには20万、Twitterには10万の登録者がいる。

欲望を叶えるのには代償がつきものであり、そうと気付いたときには時すでに遅しというのが世の常である。『華氏４５１』での代償は本の物質的破壊だった。今日、iTunes, YouTube, Twitter, Instagramのすばらしさに私たちが払う代償は、自らすすんで本を放棄すること、つまり、読書の終焉である。『デジタル植民地主義に抗して』という重要な著作を上梓したロベルト・カザーティは、読書は盗まれたと言う。そしてその罪は、有名な無法者iPad――最初にしてもっともスタイリッシュなテクノロジー窃盗団――により先導されたタブレットギャングにあると言う。カザーティの説明によれば、iPadは場所や環境を選ばずデータを移動できるポータブル・パソコンというよりは、消耗品として考案された最初のパソコンである。多くの人がiPadをノートパソコンの小型版として利用するのは偶然ではない。私たちを虜にするアプリは無数に用意され、それをダウンロードするのは最先端の遊びである。iPadにより私たちができるようになったことは、24時間友達と連絡を取り合うことだけではない。その使い易さや高解像度の画面のおかげで、私たちは書籍をダウンロードすることもできる。そうなると遅かれ早かれ、レシピ本、ガーデニング本、小説やエッセイの多くがダウンロードされるようになるだろう。カザーティが皮肉を込めて引用した広告のように、「ビキニ一組、スカート一枚、そして大量の本」だけを持ってヴァカンスに出掛ける日もそう遠くはないだろう。

しかし本を読むには、時間、集中力、護られた空間が必要である。iPad に絶え間ない中断を強いられるのはありがたくない（新着メールを読まなければいけない、Facebook に投稿しなければいけない、ジュリアの Flickr にアップされた旅行の写真を見なければいけない……）。「強いられる」と書いたのは、インターネットにつねに繋がるというのは、精神的に孤立し、一冊の本を読むのに要する集中力を放棄することを意味するからである。煌々とライトアップされた遊園地で私たちは決して独りになることはない。いやあるいは、「つねに」私たちは独りなのかもしれない。これは決して抜け出ることのできない、四方をテレビで囲まれた家に居るのと同じことである。もはや仕事とプライベートの区別はなく、四六時中、バスの中でも、家の中でも、休暇中でも働いている。このこともまた、読書に大きな影響を及ぼしている。

もしカザーティの言うことが正しければ、図書館は閉館され賃貸に出されるか、ほかの用途に使われることになるだろう。ごく少数の限られた知識人のための図書館や、専門家により作られ護られてきた、失われた世界の神殿のような図書館は消え去り、建物に建築的価値がある場合のみ、その意味において保存されるだろう。市民は図書館なしでも充分に暮らしてゆけるだろうし、ひょっとすると図書館の閉館により浮いた予算で、他の公共サービスの質が向上するのを目の当たりにするかもしれない。要するに、これが２０１６年までにパブリック・ライブラリーの25％の閉館を決めたイギリスのキャメロン政府が考えていることである。イギリスの作家ジュリアン・バーンズは、非合法下でだけ本が行き来する近未来の国を描いた風刺的な小説を発表している［Gray 2012, p. 145］。

この本では、数時間ＳＮＳから離れられる市民には別の方向性を示す。つまり、私たちには今後ますます図書館が必要となるが、もちろんそれは新しいコンセプトの図書館でなければならないのである。半世紀後の２０６６年には、iPad はすでに忘れ去られて久しいだろう（あるいは、洗濯機のような日常品として「吸収」されているだろう）が、図書館は今よりずっと必要とされ、図書館員の需要も増していると私は確信する。なぜならデヴィット・ランクスが言うように、「図書館員の使命は、共同体のなかで知の創造を容易にさせ、社会を向上させることにある」からである〔2014, p. 38〕。

図書館は目下、ぞくぞくと建設されている。２０１３年にはバグダッド新中央図書館、バーミンガム図書館（設計はメカノ）、ウィーン・ラーニング・センター（設計はザハ・ハディド）、２０１５年秋にはデンマーク・オーフスに革新的なプロジェクトをもったアーバン・メディアスペース、２０１６年にはフランス・カーンにシアトル公共図書館を設計したＯＭＡによるＢＭＶＲとアメリカ・オースチン新中央図書館、２０１８年にはフィンランド・ヘルシンキに中央図書館が建設予定である。アメリカではカラフルな「グリーンライブラリー」がいくつも建設されている。建築雑誌やサイトではコンペの募集に事欠かない。もっとも最近のコンペには、台湾・台中市の図書館と美術館の複合施設があった。イタリアでは新築図書館というよりリノヴェーションの計画がいたるところで進行しており、なかでもメルツォ、キヴァッソ、ピサでは、ようやく時代に即した公共図書館が建設され始めた。２０１２年には１２００万ユーロを投入した新図書館がチニゼッロ・バルサ

図書館	人口（人）	開館日	面積（m²）
カヴェッツォ*	7,098	2013年　3月17日	400
チェゼーナ・ラ・マラテスティアーナ（新館）	97,146	2013年12月14日	2,200
キヴァッソ〈モヴィメンテ〉	26,670	2012年12月15日	1,380
チニゼッロ・バルサモ〈イル・ペルティーニ〉	71,840	2012年　9月21日	6,622
フィレンツェ第2地区〈マリオ・ルーツィ〉	88,588	2012年10月　1日	700
グレーヴェ・イン・キアンティ〈バルディーニ〉	13,954	2013年　5月　1日	2,000
メーダ	23,221	2012年　4月　1日	1,910
メルツォ〈ビブリオテー・カ〉	18,373	2013年12月　6日	1,200
ピエリス〈ヴィッラ・セッティミーニ〉	6,383	2012年　3月31日	450
ピサ〈SMS〉	86,440	2012年12月22日	1,875
スッザーラ〈ピアッツァルンガ〉	29,314	2013年　6月16日	1,537

*地震により倒壊した図書館の仮設館. 出典はイタリア図書館協会発行の「今日の図書館」

モに開館し、2013年にはチェゼナの歴史あるマラテスティアーナ図書館で閲覧室だけの新館が完成した。その他、2010年には、モデナ（サンタゴスティーノ図書館との複合）、モンツァ、2012年にはクネオなどで、図書館の立て直し計画が進んでいる。

このように図書館が建設され続けるのは惰性からではない。あるいはヨーロッパ財政、または地方財政から何らかの予算が降って湧いてくるからではない。それはおそらく、私たちが図書館のことを拠り所、永続的な場所、そして時にはジグムント・バウマンの言う「液状化する社会」での頼みの綱として無意識的に知覚しているからだろう。喧噪にまみれた私たちの町のなかで、図書館には静寂さと秩序が君臨している。私たちは日々、情報の集中砲火に晒されている。図書館は私たちがそれから逃れ、雪崩のように押し寄せる情報を吟味する助けとなる。建築家ピエール・リブレが明言したように、図書館は「世界に開かれた閉じた場所」であり、その空間は「静寂」でありながらも決して独りにはならない場所なのである［Petit 2013, p. 30］。

「結局装丁の美しい数冊揃いのバートン版『千夜一夜物語』の中から一冊を選び、閲覧室に持っていく。以前から読みたいと思っていたものだ。開館したばかりの図書館の閲覧室には僕しかいない。その優雅な部屋を僕はすっかりひとりじめにすることができる。雑誌の写真にあったとおりだ。天井が高く、広くゆったりとして、しかも温かみがある。開け放された窓からはときおりそよ風が入ってくる。白いカーテンが音もなくそよぐ。風にはやはり海岸の匂いがする。ソファのかけごこちは文句のつけようがない。部屋の隅には古いアップライト・ピアノがあり、まるで誰か親しい人の家に遊びに来たような気持ちになる。

ソファに腰かけてあたりを見まわしているうちに、その部屋こそが僕が長いあいだ探し求めていた場所であることに気づく。僕はまさにそういう、世界のくぼみのようなこっそりとした場所を探していたのだ。でも今までそれは、架空の秘密の場所でしかなかった。そんな場所がほんとうにどこかに実在したなんて、まだうまく信じられないくらいだ。目を閉じて息を吸いこむと、それがやさしい雲のように僕の中にとどまる。すてきな感覚だ。僕はクリーム色のカバーのかかったソファを手のひらでゆっくりと撫でる。立ち上がってアップライト・ピアノの前に行き、蓋を開け、かすかに黄ばんだ鍵盤のうえに十本の指をそっと置いてみる。ピアノの蓋を閉じ、葡萄の模様のついた古いカーペットの上を歩きまわってみる。窓を開け閉めするための古いハンドルをまわしてみる。フロアスタンドの明かりをつけて、消す。壁にかかった絵をひとつひとつ眺める。それからもう一度ソファに腰かけ、本のつづきを読みはじめる。」

（村上春樹『海辺のカフカ』）

永続する機関としての図書館

これまで多くの社会学者が「グローバル市民の孤独」、つまり、金融経済が圧勝し、国が地球温暖化、テロリズム、オフショアリングについて何の対策も講じられずにいることで生まれる不確かさ、先行きの不透明さについて分析を試みてきた。昨日まで市民は鉄道、郵便、年金といった制度から安心や安定を得ていた。しかし、今日の政治リーダーはどんな時も時代に応じた変化を要求し、私たちの仕事、権利、期待などすべては刻々と変化「しなければならない」と訴える。

多くの人が安定した日常生活への愛着を軽んじている。ささいな郵便配達一つとってみてもそうだろう。一見したところ不特定の制度の記憶でも、実際には私たちのなかに連帯意識や安心感をもたらし、それは何世紀にもわたって強く残るものである。毎年、年金制度の規定が変わるようになれば、社会的繋がりは大幅に損なわれてしまう。なぜなら、それこそ「日常生活の安心・安定域」

に打撃を与えるからである。若者が恒常的な人生設計を想い描くことができないと嘆くとき、エリートやマスメディアは「柔軟性」を強硬に主張する。私たちは制度が規則的、継続的に機能することで安定を得ている。エリートやマスメディアは自分たちの主張が、人生設計に最低限必要なこの安定を奪うものであるとは理解していない。Censis（社会資本研究所）の最新の報告書は、「味気ない不幸な」私たちの社会を写し出す。国民の85％が不安を感じ、71・2％が憤り、13％が絶望していると言わざるを得ない状況なのである［Censis］。

図書館は、国歌斉唱よりはるかに私たちを「元気」づける。なぜなら図書館は、次世代の利益を重んじるささやかな証だからである。図書館は、私たちの生産物すべてが「使い捨て」文化に属するのではなく、私たちが記憶を所有していることを体現する目に見えるシンボルである。図書館を維持し続ける理由として、これだけでも充分だろう。イギリスの作家ゼイディー・スミスは次のように書いている。「私はそこで、その机で勉強していた。私はそこで、公衆電話ボックスがあったところで一人の男の子に出会った。私はそこで、学校の同級生たちと一緒に『ピアノ・レッスン』や『シンドラーのリスト』を観た（もう上映室はない）。そしてそこで、コーヒーを飲みながら（もうカフェはない）芸術について真剣に話し、すばらしい意図のある映画とすばらしい映画は同義ではないかもしれないと初めて思った。［…］こんな思い出話にヘレンと花を咲かせているまさにそのとき、地元の役所が図書館の取り壊し計画をすすめていると知った。あの本屋、あの18世紀の小塔、あの思い出の場所、あの4人の酔っ払いが座っていた「出っ張り」も壊される、跡地には豪奢なマンション、とても小さな図書館、ショッピングモールが建つらしい、そして、そこに本屋は一軒もないのだと」〔Smith 2012〕

図書館は理解しうる過去があること、そして過去の延長上に現在があるということを明らかにする。図書館は私たちが生きる現在の世界を再構築させる「知識の家」である。1941年、ナチスがレニングラードを包囲したとき、図書館は開館していた。そのときのことを著したアメリカ人ジャーナリスト、ハリソン・ソールズベリーはこんなふうに書いている。「9月の終わりのある日、ドレヴィンはレニングラード図書館の屋上にいた。日差しの強い暑い日だった。〔…〕ドイツ軍の戦闘機が夏公園の方角から図書館の方へ向って来るのを見た。爆弾が落とされ始めた。一つはサーカス劇場の近くに、もう一つはネフスキー大通り辺りだ。戦闘機は普通、4つの砲弾を積んでいる。図書館も爆撃されるだろうか？　いや、図書館は爆撃を受けなかった」（『攻防900日　包囲されたレニングラード』）。この話はただ運が良かっただけかもしれない。だが私はそのドイツ軍パイロットが図書館を尊重したのだと信じたい。

図書館はGoogleとは反対に、混迷し、変化し、苦悩に満ちた外部世界の現実を監視し、100年あるいは200年後、つまり今日の電子リーダーがとうの昔に忘れ去られてしまった頃にも、一冊の『戦争と平和』を見つけられることを私たちに約束する。図書館は、未来への投資であって、過去への投資ではないのである。

国立図書館に収蔵された資料は、普通、火事や略奪に遭わない限り、300年後もそこにある。

ネット上に昨日あったものは数年先にもあるだろうが、変わることなくつねにあるという保証はどこにもない。アメリカ人はこのことについて疑いを抱いていない。80％の成人が「紙の本」の貸出は「とても重要な」サービスであり、情報を検索する際に助けや指針を与えてくれる図書館員の存在も同様に重要だと認めている［Pew 2012］。

したがって、私たちはこのような図書館の静かなる力、つまり安定性という価値を高め、図書館をロバート・パットナムのような社会学者が言うところの「社会資本」に変えていかねばならない。そうすることが共同体をまとめ、社会生活の質を向上させるのである［Agnoli 2009］。

新たなテクノロジーや現代生活のマルチタスクについて論じる記事が紙面を賑わせている（その多くが的外れではあるが）。それらはどれも図書館のような機関とは無縁のように見える。しかし調査を追って行くと、少なくともアメリカに関して言えば、そうでもなさそうである。

次頁の表［Pew 2013b］によると、アメリカの若者や成人にとって図書館は重要であり、市民の60％が実質的に図書館や図書館サイトを利用している。しかし驚くべきなのは、16歳から29歳までの若者が、30歳以上の成人よりも図書館を利用し（前者67％に対し後者62％）、本を読み（75％に対し64％）、スマートフォンを持っているにも拘らず図書館でインターネットを利用（38％に対し22％）していることである。このような揺るぎない利用率に対し図書館がすべきことは、求める情報を探すためのサポートをすること、そしてアメリカの学校に不足しがちなリテラシーのプログラムを作り、学校とこれまで以上に連携することだろう。

つまり言い換えるなら、図書館はとくに「若者」から必要な資源として考えられており、彼らは図書館の役割を信頼し、そのサービスの価値を高く評価しているのである。

ではヨーロッパではどうだろう？　図書館利用に関する最近の調査（２０１２年）では、フィンランドで67％、デンマークで57％である。他のヨーロッパ諸国では、オランダ38％、イギリス34％、フランス26％、スペイン22％とかなり少ない。そして最後尾にはいつも通りイタリアがいる。イタリアでは年間14％の市民しか図書館を利用していない［Quick et al. 2013］。しかしこの後の章でも明らかになる通り、図書館は未就学児、移民、貧困層にとってきわめて重要な資源である。とくに無料でインターネットを利用できることは、こうした人々から非常にありがたがられている。これについてはまた後で話すことにしよう。

アメリカにおける成人・図書館利用率		
年齢	16–29歳	30歳以上
昨年度図書館利用率	67％	62％
昨年度印刷書籍読書率	75％	64％
図書館のウェブサイト閲覧率	48％	36％
図書館での無料インターネットサービスは必要ですか？	97％	—
図書館でインターネットを利用したことはありますか？	38％	22％
図書館で情報検索をするときに図書館員の手助けは重要ですか？	80％	—
文盲者用の無料プログラムは必要ですか？	99％	—
図書館は学校ともっと協働するべきですか？	99％	—

社交場としての図書館

およそ30年前からヨーロッパの公共図書館は、利用者を惹きつけ、貸出サービス、とくに図書以外の資料の貸出数を増やそうと、広々とした空間の大きな建物へと発展してきた。このような図書館は、社会文化的な変容を遂げ、さまざまな人（移民、年金受給者、主婦、失業者）から受け入れられた。多様な資料（音楽や映画も）を提供し、新しいテクノロジーを活用し、学ぶだけではなく楽しみを分かち合う場が図書館には設けられるようになった。私たちはもはや本や映画を借りるためだけに図書館に行くことはない。お金を使わなくていいという商業的プレッシャーのない場所で友達と会ったり、通りすがりの人とちょっとした会話を交わしたりするために図書館に行く。つまり、そこは新しい「知の広場」なのである［Agnoli 2009］。

こうした図書館は、イギリス、フランス、ベルギーでは、さまざまな問題を抱えた地域に介入するための都市政策の手立てとなった。例えば、ドイツのOpen Air Libraryは、マクデブルク市の荒廃地区だったザルブケの住民らが企画したプロジェクトから誕生した。住民が参加することで助成金を得て実現されたこの図書館は、リサイクルの建材を使用した省エネルギー構造で、住民が集う場になった。このプロジェクトは高い評価を得ており、２００８年のヴェネツィア・ビエンナーレで紹介され、２０１０年には「欧州都市公共空間賞」を受賞している。

注目を集めるメディアテークは、より広範囲のプログラム内でサービスを実施すれば、地域再生に効果的に貢献する。つまり、図書館員と行政が長期的に緊密な関係を築くように働いたなら、市民に図書館は「自分たちのもの」であると感じさせることができるのである。バーミンガムでは、2013年9月に非常に野心的な新しい市立中央図書館が開館した。モンペリエ、ヴェニシュなどのフランスのメディアテークは、取り立てて弱い立場にある市民のことを考えて作られてはいないが、町を一変する場所となった。そうなったのには、もちろんあらゆる段階に社会活動プログラムがあったからである。図書館は複雑な政策の代わりにも、諸悪の特効薬にもなることはできない。フランスの郊外の図書館は、マージナルな社会的立場の人々が同化できる場所として考えられてきたが、暴徒化した若者に放火された。なぜなら図書館は中央権力の関節、エリートの道具、あるいは単に不透明で憎々しい政府の一部だと看做されたからである［Merklen 2013］。

このような事件があったとしても、やはり図書館は有効に働くのである。例えば、荒廃した地域の図書館は、子どもたちが学校教育を放棄しないように闘い、子どもたちに読書習慣をつけさせ、家庭や学校での読書教育を補おうとしている。シチリアにこのような活動を勇敢に行っている図書館がある。それはパレルモのバラーテ図書館である。パレルモには子どものための図書館と呼べるものは一館もなかった。そこでドナテッラ・ナトリは公の権力に頼ることなくこの図書館を創設したのである。子どものための図書館がない地域の未来がどんなものかは容易に予測できるだろう。北イタリアのアルト・アディジェでは6〜17歳の読書率が82・8％のところ、南イタリアのシチリアでは50％以下の40・7％なのである［Cederna 2013, p. 96］。

若者たちが物騒な場所にたむろしやすい郊外で、図書館はそれに代わる安全で楽しい場所を彼らに提供できる。図書館は文化や社会に同化する条件を支えるだけでなく、条件そのものを改善させ、失業者やフリーターに職を見つけさせ、無力感や疎外感、窮屈な住環境から感じるフラストレーションを和らげる。近代的なつくりの公共図書館は、社会的弱者、特に老人の憩いの場であり、移民が社会の一員になれるように手助けをする。これこそが、「パブリック・ライブラリー」の果たすべき使命なのである。

出自に関する文化的知識が少なく、さまざまな否定的評価を被ることが多い移民の子どもの背後には、しばしば自分たちの教育や社会的尊厳を変わらず信じる家族がいる。外国人学生を対象に行われたいくつかの調査結果によると、言語的・社会的困難があるにもかかわらず、移民の子どもの方が本や読書を身近に感じている。つまり彼らにとって本や読書は、文化的・象徴的意義が詰まったものなのである。一方、同世代のイタリア人にとってはほとんどの場合そうでない。本を読み学ぶことは、移民の家族にとっては、いまだに人格や未来を築くための手段であり、批評精神を養い、文化的な帰属意識を深め、個人史を豊かにするためのものなのである。こうした社会的要請に、私たちは応えていかなければならないだろう。

平等の場としての図書館

イタリアの失業率は生産年齢人口の12％、若者の40％だという。しかしこの数字は偽りである。国立統計研究所の調査方法について異議申し立てをするのが私の仕事ではないが、無味乾燥な数字は嘘をつくものである。つまり、数字は大量失業がもたらす心理的・社会的損害がいかに重大であるかを隠蔽するのである。１９３０年代の文学や映画ではさかんにこのテーマが扱われた。その代表作と言えばスタインベックの『怒りの葡萄』であるが、ここでは社会学的側面に限って話をしていくことにしよう。１９３３年、社会学者Ｐ・Ｆ・ラザースフェルドは次のように書いた。「失業者は徐々にものを所有しなくなり、仕事に就かなくなり、「普通の生活」に必要とされることも知ろうとしなくなる」[Paugam, Giorgetti 2013]。損害は、不充分な食事、アールコールへの逃避、身の回りの手入れができないといった手段の貧しさだけからくるのではない。それ以上に悪いのは、希望を失い、自分は下流だと感じるのに甘んじることである。３００万人の正式な失業者に加え、仕事を探そうともしないもう３００万人の「無気力な」人々がいる。

図書館は奇跡を起こすことはできないが、職を探している人に必要不可欠な能力、例えば、パソコンの基礎的な使い方を教えたり、履歴書の書き方や面接の受け方のセミナーを開いたりすることはできる。しかし、この役割を果たすには信念がいる。つまり、イニシアチブを発揮し、他の団体と協働し、職員やボランティアをやる気にさせなければならないのである。

今日の年金制度では、多くの場合、銀行口座か郵便口座に年金が振り込まれる。残高照会や家賃の支払いをするのに、自宅にインターネット環境がない老人たちは、窓口に出向くか図書館に行く。フロリダ州、カリフォルニア州、アリゾナ州では図書館は多くの老人を惹き付けている。気候が良く物価の安いこうした地域に住む老人は、キャンピングカーやトレーラーハウス暮らしであることが多く、当然ながらインターネットに繋がっていない。77%のアメリカ人が図書館でインターネットに接続できることを「非常に重要」と言っても驚くに値しない［Pew 2013b］。

仕事や家を失った人は、保護費や手当の受給や失業者リストへの登録といった基本的サービスを受けるために、多くの場合、図書館に行く。というのもそうしたサービスは、もはやインターネットを介して行われているからである。２０１２年では、アメリカの成人男性の26%はこの目的のために図書館を訪れている。

私たちが生きる消費社会で、貧乏人は疎まれ者である。この社会では、貧乏人を視界から抹殺することで懺悔する。都市空間で起こる隔離化は、肌の色ではなく財産によってますます進行している。図書館は、隔離された人や就職市場からつまはじきにされた人の社会的疎外に抵抗することで平等の場であり続けられるのだし、またそうであらねばならない。パリのポンピドゥー・センターの公共情報図書館は、「社会的烙印に抵抗する場」であるとし、それを自負している［Paugam-Giorgetti 2013, p. 14］。フランス国立科学センターのセルジュ・ポガンとカミラ・ジョルゲッティは共著書『図書館にいる貧しい人々』でこう書いている。「困難な状況にある人にとって公共図書館に入り、そこで受け入れられることは、特定のカテゴリーに区分されない人間であることの証となる。彼らの多くは社会サービスを受ける場で、その社会的立場により低劣と感じたことがある。そうした場では彼らは直ちに「貧乏人」のカテゴリーに分類される［…］公共情報図書館には自由に入ることができ、のんびりと椅子に座り、本を読む人という匿名性のなかにとけ込むことができる」［ibidem］

ボローニャのサラ・ボルサ図書館には、冬には暖をとりに、夏には涼を求めて図書館にホームレスがやってくる。このことは定期的に暴論を引き起こしている。「場所がない」と不平を言う人には、町はみんなのもの、水はみんなのもの、公共図書館はみんなのものであることを思い出してもらう必要があるだろう。

ネット社会の代償は、ウェブ以外から公共サービスにアクセスするのが難しくなることである。ステファノ・ロドタが提案するように、インターネット接続は新しい人権として捉えられ始めるべきだろう。信じられないことではあるが、2013年の段階でイタリアの図書館の21・36％がインターネット接続を導入していない。もっとも遅れているのは南イタリアのバジリカータ州とプーリア州である（驚いたことにフランスでも30％［Observatoire de la lecture publique 2013］）。好運なことに、インターネット接続の有料サービスを行う図書館はさほど多くない（有線接続10・18％、Wi-fi接続4・7％）［CEPELL-AIB, 2103］。今日に限らず未来にも、パソコンを使えない市民やインターネット環境がない市民はいるだろう。一方で、子どもの学校登録など基本的サービスを受けるにはインターネットはますます必要とされる。経済危機下では、情報を得る権利すら不安定で、1・3ユーロの新聞、10ユーロの本は家計をひっ迫する。例えばパリでは、「低所得者の利用者にとって、公共情報図書館は、新聞・雑誌・定期刊行物・出版物・インターネットを通じて、現実世界にアクセスできる唯一の場所なのである」［Paugam-Giorgetti 2013, p. 14］。

ヨーロッパでは、成人人口の約4％が図書館のインターネットで仕事を探したり、税金を払ったり、手当の申請をしている。大した割合ではないと思われるかもしれないが、その値は社会的にもっとも弱い立場にある人を指している。つまり、移民、住居不定者、強制退去者、経済危機の被害者となった失業者たちである。そうした目的で図書館を利用しているのがイタリア人、ギリシャ人、スペイン人であることは偶然ではない。図書館がパソコンやネットワーク・リソースの利用法についての講座を増やせば、その数はもっと多くなるだろう〔Quick et al. 2013〕。

カール・マルクスは『資本論』を大英図書館で書いた。一文無しのブラッドベリはカリフォルニア大学図書館で代表作の推敲をした。なぜなら図書館ではわずかな利用料でタイプライターを借りることができたからである。いったい何人の亡命者が、貧乏作家が、後世に名を残すことになる才能が、図書館で創作に打ち込んできたことだろう。

文化経済学における図書館

図書館、美術館、博物館、学校、大学――この20年、私たちを統治してきた政治家たちは信じ難い無能さを露呈し、文化、教育、研究に対し確固たる敵意、あるいは著しい無関心を表明してきた。彼らはイタリアの近代化に貢献するものはすべて、罪深く価値のない犠牲だと考えている〔Arpaia, Greco 2013〕。「政治家はどうも防メッセージチョッキを着用しているようだ。〔…〕国がもう一度成長するには、総合的な「精神の再構築」に取りかかるしかない。それには私たちが持ち合わせる知恵、能力、長所を統治の中心に置く必要がある」〔Massarenti 2014〕

実際、私たちが生きるこの世界で、文化資本は重視されるべきものであるばかりか、イタリアが他と競争できる数少ない分野のひとつである。今日、この分野で働くイタリア人は１５０万人に達する。つまり、デザイン、モード、ガストロノミーは、イタリアの「シンボリックな財産」である。このような財産は、文化的プロセスなくして作り上げられることはない。この文化的プロセスは自然に発生するものだろうか、あるいは刺激的な環境、つまり「エコシステム」の賜物だろうか？図書館はこのエコシステムの合流点である。それにもかかわらずあまりに過小評価されている。

多くの経済学者がこの問題について研究しているが［Caliandro, Sacco 2011］、ここではとくに重要だと思われるSymbola財団のレポートを引用するのにとどめておく。「今日では、経験や関係はソーシャルネットワークを基に構築される。ソーシャルネットワークは、個人間のコミュニケーションにとって、もっとも刺激的で効率の良いプラットフォームの代表格である。このようなコミュニケーションのやりとりは、潜在的にコレクティブ・ラーニングの一形式として現われている」［Unioncamere, Symbola 2011, p. 25］。ここでのキーワードは「潜在的に」という言葉である。FacebookやTwitterは「ソーシャルストリート」、つまり、環境保護を訴えるデモや政治的デモを組織するために利用できるのである。あるいはもちろん、下世話な話を吹聴するためにも利用できる。どちらに向かうかは、学校・図書館・劇場・映画・出版・大学からなるエコシステムの善き機能に拠るだろう。

このコレクティブ・ラーニングは、生活の質や民主主義の健全さにとって価値があるだけではない。コレクティブ・ラーニングには「地域が生き残るための競争力を形成する知恵が懸かっている。この重要性を明らかにするには、交流、生産、消費に関する文化創造システムが地域に特性を与えるということを理解し認めなければならない。つまり、それは競争力の点で、一つの地理的空間を他と区別する働きをもつのである」[ibidem]

言い換えると、イタリアがロシアや中国とは異なるのは、イタリアにはイタリアで生み出された文化的側面があるからである。それは「海外市場でのイタリアの需要を刺激し、私たちの芸術の町を訪れる観光客の流れに成り代わり、イタリアの生産システムの認知度に影響するのである」[Unioncamere, Symbola 2011, p. 40]。つまり、ダ・ヴィンチやミケランジェロの国というだけでは不充分で、今日のイタリアには美しいカバン、おいしいワイン、洗練されたデザインの照明があると世界に認められなければならない。こうした製品は偶然に生まれるのではなく、私たちを取り囲む巨大な美の貯蔵庫から着想を得て、それに価値を与える技術により作り出されている。なぜドイツのルール地方の美術館来場者数がポンペイ遺跡の二倍になるのだろう？　こうしたことになるのは、この20年の文化政策を推進してきた政府が完全に無能だったこと以外に理由はない。

学校、文化、教育、研究のシステムのあらゆる部位に働きかけることが必要である。そして、改革された図書館は負担ではなく投資だと認められなければならない。「今日、ヨーロッパの主要経済は、経済産業政策における文化・創造分野で、野心的で洗練された戦略を練り、実施している」[Unioncamere, Symbola 2011, p. 27]。イタリア政府も削減ではなく投資することで、その本分をまっとうしなければならないだろう。

ライダーは本を読まない？

「イタリア人は本を読まない。それもあって図書館に行かない」。これは数十年前から耳にしてきた台詞であり、本にまつわる問題が議論される背景である。これについて国立統計研究所の調査はなんと言っているだろうか？「２０１３年で12ヶ月以内に本を読んだ６歳以上は43％である（学校または職業目的以外）」。つまり年間一冊の本を読むイタリア人は２人に１人以下ということになる。そして調査はこう続く。「２０１３年度には見過ごしがたい下降が明らかになった。２０１２年度には46％だった読書率が３％減少している」のである［Istat 2013］。

しかし、この赤裸々な数字により導き出された憂うべき結論は、果たして妥当なものだろうか？それは会議室で意義付けされただけではないだろうか？私の友人に「聞く技」を教えながら世界中を廻っているマリアネッラ・スクラーヴィがいるが、彼女の訓によると「何を読み取るかはあなたの視点次第」なのである［Sclavi 2003］。

では、違った角度からこの数字を眺めてみよう。この12ヶ月で本を読みましたか？という質問の「本」という言葉は、私たちと回答者で同じものを指すだろうか？「私たち」とは出版界、図書館界で働く人、何百、何千と本を所有している知識人、国立統計研究所の測定者のことである。こうしたカテゴリーの人にとって本とは本屋で売られている装丁された印刷物を意味する。しかし、

Twitterの更新をフォローするためではなく、日常生活の苛酷なスピードのためにいつも時間がない「彼ら」、つまり市民にとって、果たして同じ意味となるだろうか？

答えはおそらくノーだろう。自意識過剰の古典的な知識人の条件付けのおかげで、料理本は本だとは思われないし、実用的なＤＩＹハンドブックを買った人は「本を読みましたか？」という質問に「いいえ」と答える。両者ともおそらく、駅のキオスクで買ったミステリー小説やデュカン・ダイエット本、エピクロスの『幸福論』のことは忘れてしまっている。ジュンティ出版の副社長ブルーノ・マリは、出版市場にはグレーな領域（マニュアル本、料理本、地図、辞書）があり、そこには多くの関心があるのだが「本の読者」には数えられていないと説明している［Mari 2013］。

だが、図書館の貸出冊数や新聞・雑誌で取り上げられる「さまざまな」種類の本を見れば、実用書やマニュアル本の需要がどれほどあるかすぐに分かるだろう。「私たちの集積的教育《コレクティブ・エデュケーション》から道具がなくなることは、私たちの住むモノの世界について無知になることへの第一歩」なのである［Crawford 2010, p. 1］。非読者と呼ばれる人たちは、「術を知らず」に本当の「知」はあり得ないと直観しているにも拘わらず、慣例にしたがう私たちの視点は、文化、研究、改革についての議論を不毛にしているのである。

イタリアは実際には本を読む国なので問題ありません、と主張するのが私の役目ではない。余暇に本を読む人は、イタリア南部では30・7%、つまり3分の1以下であることはよく分かっている［Istat 2013, p. 221］。しかし、私は「書物」からの知ではない、手仕事の知を再評価しなければならないと確信するのである。田畑のことなら何でも知っている農民、水平線を見ただけで天気を予測する漁師、一目で植物の健康状態を知る庭師の能力は、多角的に結びついた貴重な知である［Bonet 2014］。それに、そうした人々の数は、週末になるとカンピエッロ文学賞やストレーガ文学賞の候補作品を書店に買いに行く「強力な読者」よりもずっと多い。ならばそのような能力のいくつかを図書館に持ち込んでみてはどうだろうか？　例えば、電球一つうまく取り替えられない人が彼らの能力を活用できるようにしてみてはどうだろうか？

私の世代にとって、ロバート・Ｍ・パーシグの『禅とオートバイ修理技術』はカルト本だった。本の内容は不可思議で、旅の日記、哲学の概論、西欧文明についてのエッセイ、そしてオートバイ修理のハンドブックでもある。しかしこの本の内容は、少なくとも私が理解した限りではシンプルである。つまり、私たちの生活はモノを作る、調整する、修理することと無関係には成り立たないということである。使い捨ての人生は私たちの魂を切り刻む。これについては、近年、リチャード・セネット［2012］やマシュー・クロフォード［2010］が再び取り上げている。私たちに必要なのは「術を知る」こと――オートバイを点検する、自転車のチェーンを正しい位置にもどす、蛇口の座金を交換する、火事を起こさないようにストーブをつけるといった方法を知ることだろう。

このような視点に立ち、ガーデニング、レース編み、ＤＩＹ、生花、ガラス工芸の講座が開かれる公共の場を作ることは、知が循環する場を作ることを意味する。かつては、こうした知は父から子へ引き継がれていた。あるいは町の広場の食堂に行き、教えてくれる人や手伝ってくれる人を見つけていた。今日では、食堂は観光客を引っかけることだけを考え、水漏れする蛇口を直すには配管工を呼ばなければいけない。しかし、セネットが『不安な経済　漂流する個人』で示したように、知ることと生きることについてのマニュアルを取り戻す需要が潜在的にあるのである。このような需要を受け止め、北欧やアメリカの図書館では自主的な団体により大工講座が開かれたり、ハーレーダビッドソンのイベントが行われたりしている。３Ｄプリンターに新たな可能性を見出したり、「ソーシャルストリート」が活発になるのもこのような需要があるからである。私たちは図書館を通じてこの需要をとらえ、応えていかねばならないだろう（図書館に３Ｄプリンターを設置したら面白い実験になるだろう）。

今日、図書館を誕生させるには、パレルモのジザ文化センターやローマのヴィッラ劇場での閉館反対運動などのように、それが下からの動き、つまり文化と社会の「要求」から生まれるプロジェクトでなければならない。

ニューヨークのウォール街オキュパイ運動で、最初のイニシアチブとして、ズコッティ公園に小さなテント図書館が開かれたのは偶然ではない。その後、このテント図書館はニューヨーク警察により一斉撤去が行われたが、その時に受けた蔵書の破損は行政が補償するようにと判決が下っている。アメリカでは、デモ隊を殴打することはできても本をスクラップすることは許されない。つまり図書館は、文化への敬意だけでなく、私たちの偉大な民主主義へのマニフェストも示し得るのである。同様のことが２０１３年のイスタンブールでも起こった。デモ参加者はゲジ公園内に野外図書館を開いたのである。

市民を参加させる

今日、図書館を建てる、または改築する前に市民参加型のプロセスを作ることは、任意ではなく必須である。そのような行動を起こさなければ、開館後に市民とどんなコミュニケーションをはかっても、「本の倉庫」という古い図書館のイメージをぬぐい去ることはできない。疑り深く、政治に幻滅している市民に対し、行政は市民にとって本当に必要なものはなにかを考え、特別な利益を追求するのではなく、市民のためのサービスを表明しなければならない。図書館を社会改革や民主主義の「ハブ」として機能させたいなら、社会的エネルギーを活発化させなければならないのである。

そのための市民参加型のプロセスには、的確な方法、皮肉、空想力、決断力が必要とされる。だがこれらの資質は行政や私たちの同僚である図書館員にも、しばしば欠けている。なぜなら、凝り固まった慣例の後ろに身を潜めたまま図書館を自動貸出機や学習室として機能させ、他のことなど気にかけないでいる方がずっと楽だからである。

市民参加型のプロセスを機能させるには、明確な目的と思いつきではない方法論が必要となる。まず必要となるのは、マリアネッラ・スクラーヴィが「技」と定義する「ヒアリング力」である。バラバラな要望、言葉にならない要望の先にあるものを見極め、市民や共同体に新たな意識を着実に育てなければならない。私たちが目指すのは、良いことをし（バイクを修理するパーシングのように）、そしてこれまでとは「違うこと」をすること（手作業から新しい世界観への鍵を作り出すパーシングのように）である。

市民参加型のプロセスとは、市民に関わる事柄を決める際に市民を巻き込むことを意味する。例えば、歩行者天国、学校、図書館の建設などがそうである。それは行政の政治的決定に取り代わるものではなく、「権威ある意見」として提示されるべきである。行政は市民の選択を理性的に判断し、実行の途中でも市民と協働し、彼らの意見を注意深く考慮する義務がある。2013年にボローニャで起きたような、私立学校への補助金を問う住民投票を実施しておきながら、その結果を無視するといったことはあってはならない。

興味深いプロセスの一例に、2012年6月から12月にかけてミラノのイゾラ地区で実行されたものがある。それは、イゾラ地区の社会生活の向上のために市民センターを建設し、陸橋（イゾラ地区とコルソ・コモ、ファリーニ通りをつなぐ）を再整備して人の集まる場所にするという計画がもち上がった際のプロセスである。これを取りまとめたのがマリアネッラ・スクラーヴィであり、やる気のある市民およそ40名とともに着手された。彼らはできるだけ多くの市民を巻き込むためにFacebookやブログを開設し、そこで集会の告知や時事問題、写真、討論の様子などを公開した。

それから地域のリーダー、さまざまな職業の代表者、社会条件の異なる市民に60のインタビューを行った。これにより、その地区の変化の実態や主な問題について地域の「物語」を作成することができた。この物語は、その後、討論会やサイト上で発表され議論の対象となった。マリアネッラ・スクラーヴィは、その際、効果的なヒアリングの技と意見が対立した場合の機知に富んだ対処法について、全市民に向けた講演会を行っている〔Sclavi 2003; Sclavi et al. 2012〕。

市民を巻き込むことで、陸橋と新市民センターの目指すべき姿について、多くの要望やアイデアを突き止めることができた。どれも「普通」の計画では浮かび上がってこなかったものだろう。ここでは市民からの要望例を一つだけ挙げておく。それは、多くの人が狭いアパートに暮らしているので（貧困地区であることを暗に示している）、特別な時に友人や親戚を招待できるように、市民センターにはキッチンと小さなリビングスペースを設置してほしいというものだった。

この意見は、一見すると何ということもないように思われるが、実際には図書館の社会的役割に具体的な意義をもたせるものである。トークショーや討論会の後に軽食を用意するのは、最近ではごく一般的になってきている。ピッツバーグのある図書館にもたしかミニキッチンがあった。そこの職員たちは、「エスニック」なお祭りやその他の行事の時には、いつもささやかなレセプション・パーティーを開くのである。

アメリカでは図書館を新たに建てるとき、普通、建築家や図書館員はすべての段階で市民に意見を求める。例えば、フェニックスの公共図書館には、図書館の5階に「ティーン・セントラル」と呼ばれる12歳から18歳向けのスペースがある。これは5つのティーンエージャー・グループを作り、図書館で何がしたいか、どんなスペースが必要か、どんな素材や色が好きか、ということを調査し設置された。プロジェクトチームは市民とともに3年かけて計画し、みんなが撮ってきた心地良い場所の写真などを利用しながら多数決で決定した。

市民参加型のプロセスを始めるにあたり注意しなければならないのは、意見を訊けばそれがすべての問題の特効薬に、すべての矛盾に対する民主的解決になるという純真さに陥らないようにすることである。私たちは消費社会に暮らしている。そこは内部分裂が激しく、不安に満ちていて、拠り所となるものがない。数十人の人を円卓に座らせただけで、住みやすい町づくりや世界に通用する図書館づくりに協力を厭わない市民モデルが見つかると考えるのは、あまりに非現実的である。反対に、市民がこのような活動に参加するのは、大抵の場合、自分になにか利益があるだろうと期待するからである。私たちが働きかける共同体は利他主義で成り立っていると幻想を抱き過ぎてはいけない［Twelvetrees 2006］。しかし、優れたファシリテーターであれば、隠れた力を引き出し、相互関係を活性化させ、緊張関係を解くことができる。プロセスはそのように進められなければならないし、その場凌ぎのものであってはならない。

次に、時間の使い方について分析してみよう。一分たりとも時間がない人がいる。それは子どもや老齢の親の世話をする女性たちである。一日の時間をどう使えばいいのか分からない人がいる。それは多くの場合、年金受給者や失業者たちである。こうした違いに参加者たちは頭を悩ませる。市民参加型のプロセスでは、まさにこうした異なる人々に交流させ、互いに助け合い、能力や関係性を共有する機会を活性化させることから始められる。１９８０年代に始まった「時間銀行」という試みがある（時間が空いているときに他のメンバーの手伝いをする。他人の手伝いをした分だけ自分の手伝いを他のメンバーから代行してもらえるという仕組みでボランティア形式）。例えば、配管整備の手伝いと交換に英語のレッスンを受ける、あるいは、母親に『戦争と平和』を朗読してもらうのと交換にレース編みを教えるというようなものである。試みとしては短命だったが発想としては面白く、現代なら流行るかもしれない。図書館は「中立的」な場所なので、このような活動を始めるには理想的と言える。この一例として、ボローニャ・フォンダッツァ通りの「ソーシャルストリート」がある。

パリの公共情報図書館は、発想力豊かな年金受給者がホームレスのためのサービスを実現する手助けをした。それは日中、スーツケースや買い物袋をもってパリ中を移動しなくてもいいように、荷物置場を提供するというサービスである。年中無休の荷物預かり所を運営する「Mains libres（自由な手）」の創設者は、図書館で毎日4時間ほどインターネットを使用する。たいしたことではないが、人によっては大きなギフトとなるだろう。

こうした例にはきりがない。つまり、私たちの課題は共同体の要望を引き出し、それに対して建築、ＩＴ、運営の面から回答を見つけることである。これには公務員の息の詰まる理論から抜け出す力と強い政治的意志が必要とされる。けれども、それは決して不可能ではない。

こうした方法に懐疑的な人は、イタリアは無知と無礼者の国だけではなく、世界でもっとも堅い連帯とボランティアの素地をもつ国の一つであることを思い出していただきたい。私たちがしなければならないことは、連帯精神をひとつのプロジェクトに取り込み、強固にし、容易にし、活動範囲を広げるようなプロセスを作ることである。私はサン・ジョヴァンニ図書館をペーザロに開館させた。ペーザロは閉鎖的で保守的な町として知られている。それにもかかわらず、結果的にはとてもうまく行ったのである。

市民参加型のプロセスについての覚書き

プロセスを「市民参加型」と定義するために、マリアネッラ・スクラーヴィ［2013］は次のような条件を示している。

1　議論すべきテーマについて、関心、不安、意見がある人たちのグループを参加させる。グループの参加者は幅広く偏りがないようにする。

2　テーマは参加者にとって重要であり、長期間影響を及ぼすものであること。

3　どのように行動するか、どのように採決するかということについて、参加者は「特別」規則を作ること。

4　参加者の興味を理解し合うことから始めること。役職を決めることからではない。

5　興味、不安、それにともなう要望を理解し、参加者の多数決によって「最良」と判断される「新しい提案」をもった考えに到達するように話し合いをもつこと。

6　分かち合いながら創造的に行った結果が、みんなから認められるように行うこと。勝者や敗者といった枠組みで捉えないこと。あまり熱心でない参加者からも「受け入れられる」結果であること。

7　「同意」が得られるのは、すべての関心がくまなく検討され、それを満たすためにあらゆる努力が払われた場合だけであると理解しておくこと。

新しい「知の広場」

数えきれないほどのアプリケーションを眺めてうっとりし、スマートフォンのなかに自分の顔を覗き込むナルシスティックな市民に、いったい図書館はなにを提供できるだろうか？　２００８年、イギリスの文化メディアスポーツ大臣アンディー・バーナムは次のような答えを出している。「図書館は家族のための場所、楽しい場所、おしゃべりをする場所であるべきだ。「おしゃべり」という言葉は伝統主義者たちを怯えあがらせるかもしれないが、図書館はひきこもりのネット依存者を孤立から救う社会的な場所であるべきなのである」［Jacobs 2011, p. 120］

バーナムを批難したのは伝統主義者だけではなかった。多くの知識人が図書館の「特性」の奪回を唱えただけでなく、別の反論もしたのである。それは図書館は、本を読んだり勉強したりするために残された最後の静寂の場所であり、自宅にそうした場所のない人もいる。だから、図書館をおしゃべりの場所、食べる場所、電話する場所に変えるということは、どこにもない「静寂」の時間を否定することに等しいというものだった。

たしかにこれは問題である。現代社会に暮らす私たちは、どうやら騒音の虜になってしまったようだ。特急列車の車中を想像してみよう。そこでは携帯電話が王様となる。大声で秘書に指示を与える弁護士、党内の揉め事にうんざりする政治家、息子の居場所を確かめようとする心配性の母親、車内で広告アナウンスが流れる間、次の行き先（フィレンツェかヴェネツィア）について大声で話す興奮状態の観光客、旅行に飽き飽きし、プレイステーションの音量を上げる子ども。もはや公共空間で静寂を見出すのは不可能であり、今日では希少品なのである。こんな私たちに残された最後の手段は、書店に行き松本圭介の『こころの静寂を手に入れる37の方法』を買い込むことだけだろう。

平穏の最後の砦として、ラジオから流れるCMや電車内での広告アナウンスを聞かずに過ごせる場所として、図書館を守りたいのはまったくその通りである。しかしながら、解決できない問題ではない。最近の図書館は、社交の場、静かな学習の場、グループワークの場、隔絶された場があるように計画される。東京にある明治大学図書館和泉図書館では、一階にカフェやグループで座れるテーブルやスペースがあり、階を昇るごとにスペースが個別化していく。最上階には、隔絶を必要とする利用者用に予約制の完全個室まである。このような考え方は多くの図書館で採用されており、エントランス付近には人の行き交いが多くにぎやかな場所を、上階には穏やかな場所から物音一つしない静寂の場所までを作り出している。スマートフォンを手放せない人には、日本の図書館のように、少し離れた場所に昔の電話ボックスのようなスペースを作るといいだろう。

残念なことに、イタリアでは多くの図書館が、床や設備品から出る音の問題を考慮せずに改築されている。よく考えられた図書館では防音資材が使われているが、広い空間の床材にセメントや砂岩を使うのは止めた方がいいだろう。より問題になるのは集団でやってきた学生たちの話し声だが、これは行政と建築家の空間設計上のミスであり、図書館を不適切な建物に運命づけてしまう。

北欧諸国の図書館は、ひとりでやってくる研究者、学生たちの小グループ、手仕事の作業スペース、自習のための静かなエリアというように、人が行き交う場所でありながら、特定の活動も行えるように設計されている。受付カウンターの後ろに図書館員がどっしりと構えている例はほとんどなく、カウンターはキャスター付きの可動式で、椅子には背の高いスツールが使われている。職員はカウンターに常駐するのではなく、利用者のなかに入って行きやすい場所に、あるいは、利用者の流れを遮る場所に配置され、レファレンスサービスは向かい合ってではなく、脇に並んで行われている。

昔の図書館のスペースは、いくつかの例外はあるが、一般的に資料別によって仕切られてきた。しかし今日の図書館では、季節や曜日ごとの利用者のニーズに応えられるようにスペース作りがなされている。

現代的な大型図書館は社交の場になりつつある。というのも図書館は「町のなかの町」であり、

「ある人には静寂と孤独を、またある人には使い易さを提案する小さなスペースの集まりだからである。図書館は都市形成に関わり、きわめて現代的な公共空間のモデルとなり得る」。図書館は「大広場に匹敵する」とフランス国立図書館のフロリアン・フォレスティエールは書いている［Petit 2012, p. 25］。

広場ではじつに多くのことが行われる。散歩する、友達に会う、新聞を買う、遊んでいる子どもを見守る、ベンチに座って本を読む、スペインのサバデル銀行の感動的な動画［2012］のような即興コンサートに出くわす。こうしたことを図書館でもできるようにしなければならないだろう。

現在の図書館は、まだ実験段階にある。そのなかで、芸術家、建築家、図書館員は一般の人々の新しいニーズ、新しい好みをとらえようとしている。ヘルシンキ図書館館長マイヤ・ベルンソンは、未来の図書館について、いくつものことが同時に起こり、無秩序の空間のなかで天使と悪魔が交錯するボッシュの絵画を引き合いに出し語っている［Berndtson 2012］。

新しい建築に不可欠な条件は、図書館にも有効である。つまり、地域における可視性、自然光の質、省エネルギーなどである。しかし、こういった特性に「プラスα」が必要となってくる。市民にもっとも美しい広場で起こるような体験を提供し、彼らを驚かせ、惹き付け、引き止め、「私たちを感動させる経験」を可能にさせなければならない［Schulz］。そうした例としては、映画館、レストラン、観光地の港と共存するデンマーク・ミゼルファート文化地区の図書館が挙げられるだろう。それからドイツのコトブスにあるブランデンブルク工科大学図書館や、今では有名になったシアトルの公共図書館もそうである。とはいえ、いつも優れた結果が得られるわけではない。例えば、2011年にYi建築事務所が設計したドイツ・シュトゥットガルト市立図書館の白い立方体《ホワイトキューブ》は陰鬱な図書館である。また、モシェ・サフディのソルトレイクシティ公立図書館は美しく機能性にも富んでいるが、どう考えても魅力的な建築ではないだろう。

色の使い方

色は人を惹き付け、好奇心を刺激し、興奮させる。または、人を疲れさせ、気を滅入らせ、拒絶させる。ここ15年で建設された図書館の色の使い方については検討すべき興味深い事例が豊富にあるというのに、それについて体系的な考察がなされていないのはなぜだろう。ヴィヴィッドな色（イエロー、グリーン、レッド、オレンジ、パープル）は、初めはキッズスペースにだけ用いられていたが、後になってカフェテリアや建物全体にも使用されるようになった。特に椅子、ソファ、スツール、アームチェアなどがそうである。赤やオレンジの椅子やソファは、アントワープ、アムステルダム、カプリ、カヴリアーゴ、エスポー、パリのピエール・エ・マリー・キュリー大学図書館などで、緑、黄、水色、青の椅子やソファは、フィレンツェのオブラーテ、オーストリアのサリスブルグ、アメリカのフェニックスでよく使われている。シュトゥットガルトの悲しい灰色のソファ、イタリアの多くの図書館の平凡な木製椅子は海外では姿を消しつつあり、ロッテルダムやチニゼッロ・バルサモではマルチカラーや斬新なプリントのソファが使われている。多くの図書館で、4人掛けのソファのように好きなように座れるソファを置いている。オレンジと緑はオランダ（レリスタット）でよく使われている（イタリアでもライナーテやボルツァーノなどで使われている）。書架はほとんど義務的に白であるか、時々スチールグレーのこともある（イタリアのファーノ、プラート、マイオラーティ・スポンティーニ）。展示用の棚にはもっと明るい色、赤やオレンジが使われる（モデナのデルフィーニ図書館、ピサ、ボルツァーノやメラーノのマルチランゲージセンター）。

次のステップはクッションとカラフルなカーペットだが、これらは図書館に異なるゾーンを作り出すために利用される。木製フローリングは、赤、青、黄、マルチカラーのモケットやリノリウムに取って代わられつつある。イタリアではいまだにベージュやグレーが使われているが、こうした色は、館内の設備品がカラフルな場合にだけ有効である。

赤は熱、エネルギー、ダイナミクスを呼び起こし、歓迎を表す色で、イタリアよりも海外の図書館でよく使われている。シアトル公共図書館の全フロア（床、壁、天井）、ストラスブール国立大学図書館の床、パリのピエール・マンデ・フランス・センターの壁、パリ第六大学の数学図書館の天井、ライナーテ図書館の大階段で使われている。

海外に目を向けると、80年代がフランス・メディアテークの「ガラスとコンクリート」の時代だったなら、90年代は蛍光カラーの時代である。例えば、ロンドンのアイデアア・ストアのアシッド・グリーン、黄、青、または、アアト・ヴォス Aat Vos が設計したデルフトのカレイドスコープなどがそうである。

近年では色の選択肢が豊富になったが、建築家の間でもっとも人気のある色は依然として白である。フランス・リヨンのINSAやシュトゥットガルト新図書館の冷たく悲壮感ただよう光を見れば一目瞭然だろう。教会建築でも新しいものには、白が使われている。例えば、ヴァレーゼ・ロナーテの俗教会などがその例である。イタリアで色を見つけるには、メーダ・メディアテーク（モンツァ・エ・ブリアンツァ）の赤い立方体《レッド・キューブ》、ピサ図書館の外階段の赤、アルビネア図書館（レッジョ・エミリア）のリチャード・セラの構造を彷彿とさせるコルテン鋼の赤錆などが挙げられる。既存の建物を改築して図書館にする場合、学校や市庁舎に特有の薄ピンクや薄黄色の、魅力的とは言いがたい漆喰壁がそのまま使われている。パデルノ・ドゥニャーノ図書館（ミラノ）のレンガは悲しくなるほど平凡で、カルピ図書館のレンガやマイオラーティ・スポンティーニ図書館（アンコーナ）の古いレンガの方がまだましである。設計者にとって、もっとも使うのに勇気がいる色は黒であるが、ブルターニュ・カルナックの図書館は好例の一つで、オレンジとの対比で使われている。

建物だけに手を掛ければいいということではない。デンマーク・オーフス図書館のクンドゥ・シュルツはその経験から、図書館を定義する4つの側面を示したが、そのうちの一つは「知の社会」である［Schulz］。その他の3つは、発見、参加、創造である。言い換えると、未来の図書館はたくさんの手をもった有機体であるということだろう。新しい資料（知識）を発見するという伝統的側面だけではなく、新しい何かの創造に参加するという側面も重要なのである。これからの図書館は、文化的エコシステムの関節として、以前よりいっそう重要な役割を担うことになる。そのためには、もちろんその関節が「アクティヴ」であることが条件となる。

多くの図書館が、より刺激的な経験を市民に提供しようとしている。ハリウッド近郊の人口5万4千人都市のセリトスでは、新しい利用者を獲得するために図書館のテーマを「時間のなかの旅」とした。子どもたちは特殊なテクノロジーによって録画され、あとで背景を変えて鑑賞したり、熱帯雨林に入ることができたり、プラネタリウムで星を眺めることができる。また、18世紀風の暖炉が備え付けられた閲覧室やチーク材や竹の什器を使ったアジア風の部屋などもある。

五感すべてが使われると、経験的で相互作用的な図書館になる。その例にアムステルダムの図書館がある。そこでは、触覚と聴覚を使う経験ができる。人々は時間のなかを旅するため、漫画雑誌の編集に参加するため、環境保護に貢献するために図書館に行く。もちろん、セリトスからわずか数キロのところにはディズニーランドがあり、たった一棟の建物におよそ2300万ユーロも投資できるほど豊かな共同体であることは偶然ではない。しかし、この図書館が基礎にしたコンセプトは、カリフォルニアやデンマークの重要なプロジェクトでも採用されている。図書館は「実験とスペクタクルの場所」となり、本は利用者に提供するさまざまな発見と学習のうちのたった一つの可能性でしかない。「私たちの野望は、本に捧げられた機関としてではなく、新旧すべてのメディアが並ぶ情報の倉庫として機能するように、図書館を再定義し、再構想することである」［Koolhaas 2009, p. 13］。そこにあるメディアは並んでいるだけではなく、存分に利用され、活用されなければならない。２０１８年デンマーク・オーフスに開館予定のアーバン・メディアスペースは、おそらくとてもインタラクティブな図書館となるだろう。

　大型図書館は市民に多くのことを提供するが、それとは反対のコンセプト、「スモール・イズ・ビューティフル」についても検討する価値はある。メディアテークなど、図書館に類する施設に関する考察は、とくにフランスでの経験に拠るところが大きい。というのもフランスでは、偉大な建築家が設計したとしても、ある一定期間を過ぎると来館者にとってインパクトが褪せてしまうという現象がよく見られたからである。「一般利用者と新しい図書館の間にあったハネムーンは終わってしまった。今はこの「冷めた」状態をしっかりと検討し、新たな戦略をとらねばならない」［Villate, Vosgin 2009, p. 38］。フランスで、「ミツバチの巣箱《ルーシュ》」と呼ばれる図書館に類する施設が発達したのは２００３年以降である。中心的な施設だけではなく、自宅でインターネットができない人や、インターネットを使うのにガイドや手助けを必要としている人にとって、情報拠点やサービス拠点となる小さな施設への投資も検討しなければならない。

　大型図書館に通うのは、とくに老人や子どもにとってはハードルが高いかもしれず、地域の図書館の方が使いやすいかもしれない。多くの年金受給者はインターネットを利用しないし、利用したとしても電子メール程度である［Istat 2013］。その一方で、省庁関係の手続きはほとんどオンラインでなされるようになってきている。しかしそれらは分かりにくいことが多く、「ユーザーフレンドリー」からはかけ離れているというのが実情である。地域に馴染みの場所があり、有能な図書館員やボランティアスタッフがいつでも手助けしてくれるとしたら、わずかな経費で利用者から喜ばれる解決策になるだろう。

地方自治体には有効に使いこなせない建物が増えてきているが、問題は建物そのものにあるのではない。考え方の問題であり、町に一種のカルチャー・カフェを溢れさせることが重要である。つまり、インターネットが利用できるだけでなく、図書の貸出予約ができたり、電子書籍を読むことができたり、情報を集めるのに良いアドバイスを受けることができたり、なにより、一杯のコーヒーを前に友人に会える場所があることが必要なのである。こうしたことは図書館の機能の評価を下げるだろうか？　いやむしろ、町の中心地やベッドタウンと化した郊外では、再評価されるようになるだろう。郊外の大型スーパーの隆盛により、地域の小型スーパーは単身者や夜7時まで働く人が買物できる最後の場所になりつつある。デンマークには、職員を置かずに朝6時から夜中24時まで貸出のセルフサービスを実施する図書館が80館以上もある。このサービスは市民から非常にありがたがられており、破損や盗難は起きていない［Thorhauge 2012］。一日の最後に「文化」消費をできる場所をつくり、「ソーシャルストリート」のような住民が協働できる場所を信じなければならないだろう［Social Street Italia 2013］。

伝統的な図書館を信頼し、昔ながらの方法で読書推進を行うと決めた人もいる。「伝統的」と言っても、ここでは同時に「ソーシャル」な図書館である。どういうことかと言うと、共同住宅内に本、CD、DVDを集める場所を設けるのである。これは共同住宅内に図書館があることが特典となるニューヨークで行われている。また、ローマのトラステヴェレ地区中心のジョヴァンニ・ダ・カステルボロニェーゼ通り30番地C棟でも行われている。そこではいくつかの共同住宅が協力し合い、広いサロンを出会いの場所に変え、壁には本、マンガ、雑誌、CD、そのほか文化に関わる資料を収めた書棚を置くことにした。それは中庭図書館と呼ばれ、2名のボランティアと守衛が週2日2時間ずつ資料の利用管理にあたっている。ミラノのレンブラント通り12番地にもこのような共同住宅がある。一階に図書館が設置され、住民は寄付本や古本市で救い出された本を利用している。ここでも最大1ヶ月間の無料貸出が可能で、子ども向け、ティーネージャー向けのセクションもあり、住民以外も閲覧だけなら利用できる［Giambertone 2013］。

一つの場所に多数のサービスを

ポンピドゥー・センターが建てられたのは70年代だが、一つの建物のなかに図書館、現代美術館、書店、展示室を置くというその豊かな発想は、今日になるまで支持者を得られなかった。一つの建物に複数のサービスを入れることでもたらされる恩恵——経済的、組織的、文化的な——は明らかなのに、役所の怠慢さ、政治家の空想力の乏しさはその上をいっていたのである。ある意味、文化の大型スーパーとでもいう空間で、読書と地域の歴史ある美術館、映画館、音楽を関連づけようとする試みはほとんど応用されなかった。オーストリア、ニュージーランド、イギリス（これについては2009年の国際図書館連盟で議論された）にはいくつかの例があるが、その他でこれといったものは見当たらない。伝統的に図書館事業に投資してきた北欧諸国ではノルウェーのモルデ市に例がある。シンプルに「広場」と命名されたこの文化の家には、図書館、劇場、アートギャラリー、ミュージックホールが入っている。

今日では、このようにさまざまなサービスを一つの場所に集合させ、市民の参加を促し、永続的な教育を与え、アイデンティティの意識が高まるようにしなければならない。公共文化機関の予算危機の前では合理化は避けられないし、小規模な総合施設ではとくにそうである。しかし、一ヶ所へ集中させることを自己防衛や応急処置として考えてはならない。そうするのは、あくまでサービス向上（開館時間の延長、利用者層の拡張）を目的とし、「さらに積極的な文化政策」を実現するためである。公共文化機関はつねに更新され、人々の好みの変化に順応し、新しい道を模索する必要がある。それには一つの場所に異なる専門分野が集められた方が効果的だろう。

なぜ一つの場所にサービスを集めることが難しいのかというと、もともと美術館、図書館、劇場、コンサートホールは数世紀もの間、それぞれの使命のなかで自律的な価値観とその役割上の論理を発達させてきたからである。職員はある種の考え方にしたがい、到達すべき文化目的について独自の見解をもっており、さまざまなサービスと協働するにはそれぞれの慣例を検討し直さなければならない。美術館の館長はもっと空間と予算がほしい。図書館の館長はどこに防犯ブザーを設置すべきか悩んでいる。コンサートホールの館長は舞台の構造に制限を設けたくない。解決できる小さな問題も役所の手にかかると大ごとになり、統一の取れない方向性は各管轄が対立する火種となる。

そうではなく、ローマのオーディトリアムのように、積極的な経験を多様化させなければならない。オーディトリアムではクラシックコンサート、歴史の授業、考古学の講演会がロックコンサートと同じプログラムに組まれている。図書館での伝統的な文化活動（図書の紹介など）の幅を広げようと言っているのではない。私がここで問題にしているのは、先に述べたように、「異なるサービスを一つの場所に集める」ことなのである。

最近、私はサルデーニャのアルゲーロ市の建設課から招かれる機会があった。アルゲーロ市では、現在、大学図書館と公共図書館を一体化させた図書館計画が進行中で、建設予定地は城壁と海に面した美しいサンタ・キアーラ大聖堂である。建物はすでに大学講堂、大学図書館、資料館を収容できるように改築されていた。問題は、その建物内に、市の資料館ではなく図書館を収容するように行政を説得することだった。私たちは、大学図書館員、市立図書館員、図書館協会代表者、教授たちと話し合いを進めるためにセミナーを開き、この二つの機関に共通するものとしないものについて考え、一つの建物内に集めることでどんな利点があるかを考えた。難点より利点の方がずっと多いことは直観的に分かるだろうが、とくに、企画、組織、運営の点には多くの共通項がある。どちらの利用者にとっても大事なことは、居心地が良く、できるだけ開館時間が長く、リラックスできる社交的な場所で、資料と情報を利用できることである。

一般的に、さまざまなサービスを一ヶ所に集めることに関する問題は、多くの積極的な同僚たちが苦心しながら計画を進めているにも拘わらず、公的機関に長期的視野やイニシアチブとイノベーションの精神がないことに起因するのである。

ステージの利用法

もし真剣に図書館を文化が生まれる活発な場所にし、市民が創造的体験をする環境にしようと考えるなら、ステージ、または芸術的・文化的パフォーマンスが行われる空間は構造上の鍵となる。空間は、ラボラトリー、小閲覧室、子どもの遊び場などのように狭くてもいいし、コンサートや有名作家のトークショーのために大人数を収容できるくらい広くてもいい。ステージには適切な音響機器、スクリーン、プロジェクターなどが必要だが、図書館の一部として機能させることも可能である。この空間の目的は、市民の自発的意思による表現を励まし、彼らが創り出した文化の発信基地となることである（創作作品の朗読会や、芸術作品、手工芸品の展覧会）。したがって、もちろん、もっとも野心的な文化イベント内にそうした発表の場を設けることが望ましい。

フィンランドのエスポーにあるエントレッセ図書館のように、常設ステージでもいいし、スウェーデンのマルモ市立図書館のように、大きな空間を場合に応じて利用してもいい。デンマークのコペンハーゲンにある Rentemestervej 図書館のように特別エリアにしてもいいし、オレスタッド図書館のようにさまざまな用途をもつ部屋であってもいい。もちろん、私たちの責務は、それぞれの図書館とその利用者に適ったステージの形式や配置を見つけ出すことである。忘れないでほしいのは、利用頻度の少ない野外円形劇場やステージは廃墟の印象を与えるということである。したがって、どの程度の活動がその空間（ステージ）で可能であるかを考えなければならない。図書館単独で利用するのか、他の文化機関、とくに自主機関（最近のイタリアで活発化している市民劇団のような）と一緒に利用するのかといったことについての検討が必要だろう。

ここで、図書館の空間を変える際のポイントについてまとめることにしよう。

・人々が一緒にいられるように空間を使い、蔵書スペースは今よりも少なくする。
・図書館の古典的モデルを打破する。つまり、図書館業務と閲覧室を対置させ、大きな受付カウンターを置き、キッズエリア、ティーネージャーエリア、一般エリアをはっきり区別するような空間にはしない。
・オープンスペースを増やす。禁止事項を作ったり、空間を分断しないようにする。利用者が歩きまわったり、インターネットを楽しんだり、電子リーダーやタブレットの使い方を理解したり、作業をしたり、勉強したり、静かに考えごとをしたり、日々の暮らしに役立つ資料を見つけたりできるスペースを設ける。

・「隙間」(階段など)を最大限に利用する。利用者が自由に使ったり(ストラスブール図書館)、芸術作品を展示したりする。

・「家に」いるようでいて独りではないと感じられ、また仕事場のようにも感じられる空間にする。オフィスを失った人や自宅に自室がない人にとって、その代わりの場所となるようにする。

・オリジナリティに溢れ、創造力を掻き立てる素材、かたち、色を用いる〔125頁のコラム参照〕。

・蔵書はテーマごとに排架する。例えば、音楽のセクションには楽器を置いてみよう。利用者にとっては、その場で練習したり、学習したり、体験したりという機会になるだろう。

・持参の電子端末が館内のどこからでもWi-fiにアクセスできるようにする。そうすれば固定のパソコンを置く必要はなくなる。図書館ではノートパソコンの貸出も行っている。

・内装や設備品は、リラックスできる空間、さまざまに利用できる空間、柔軟な空間にするのに役立つものを使う。

・書庫がまだ存在している場合、稀少図書以外は利用者が閲覧できるようにする。

・同一建物内に公共図書館と大学図書館を設置する、あるいは、大学図書館を市民に開放する。

・図書館と書店を併設するという発想を試験的に行ってみる。

ピッツバーグ・カーネギー図書館．勉強するのに本も机も椅子もいらない．窓と電子リーダーだけあればそれでいい

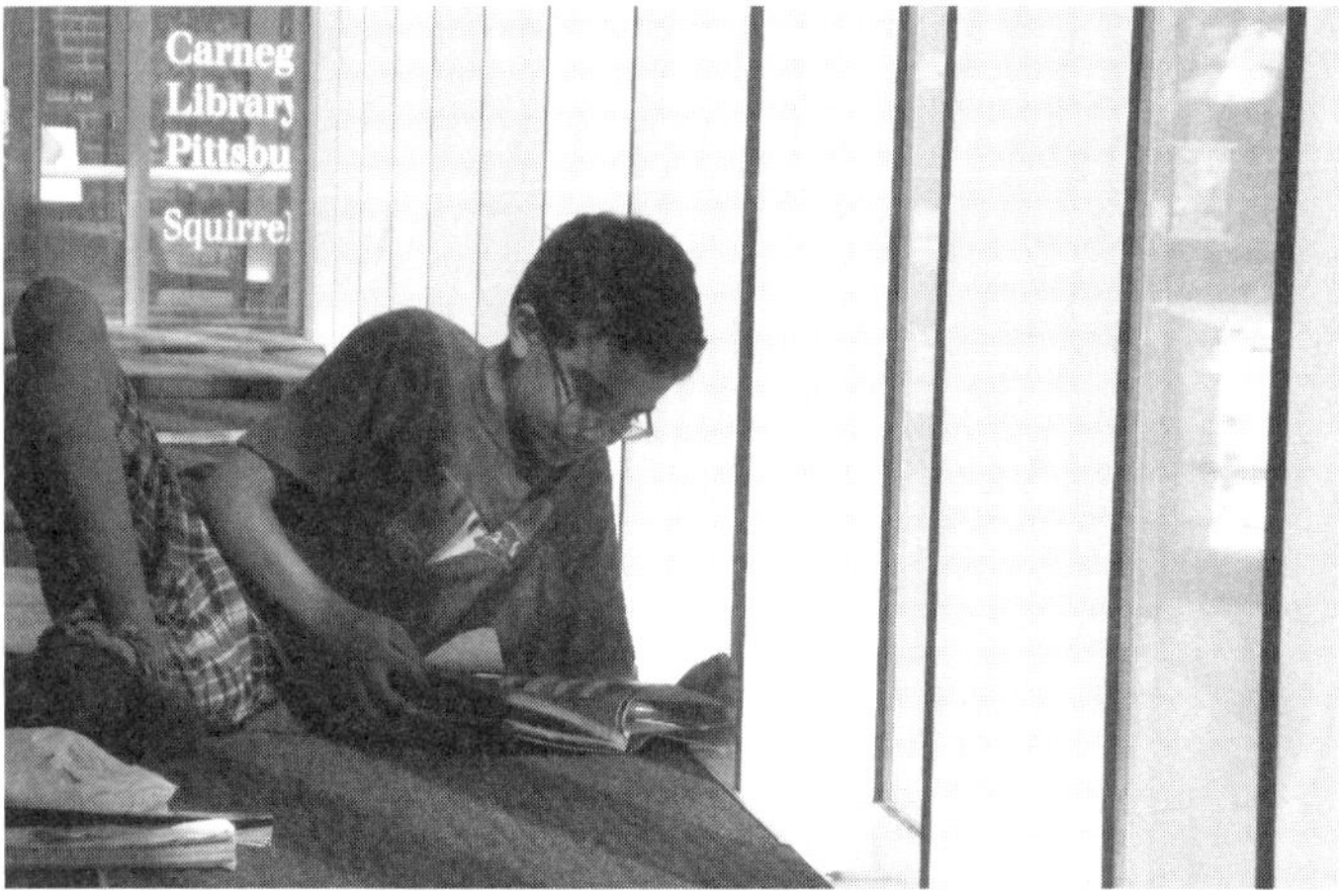

ピッツバーグ・カーネギー図書館
建築家のみなさんへ——図書館を設計・内装する前に，どのように人々が図書館を使うのか，よく観察してください

ソルトレークシティ図書館．ガラス張りの窓は美しい．けれども直射日光はときに問題となるかもしれません

アルメレ図書館（オランダ）．書架の一部がインフォメーションカウンターに

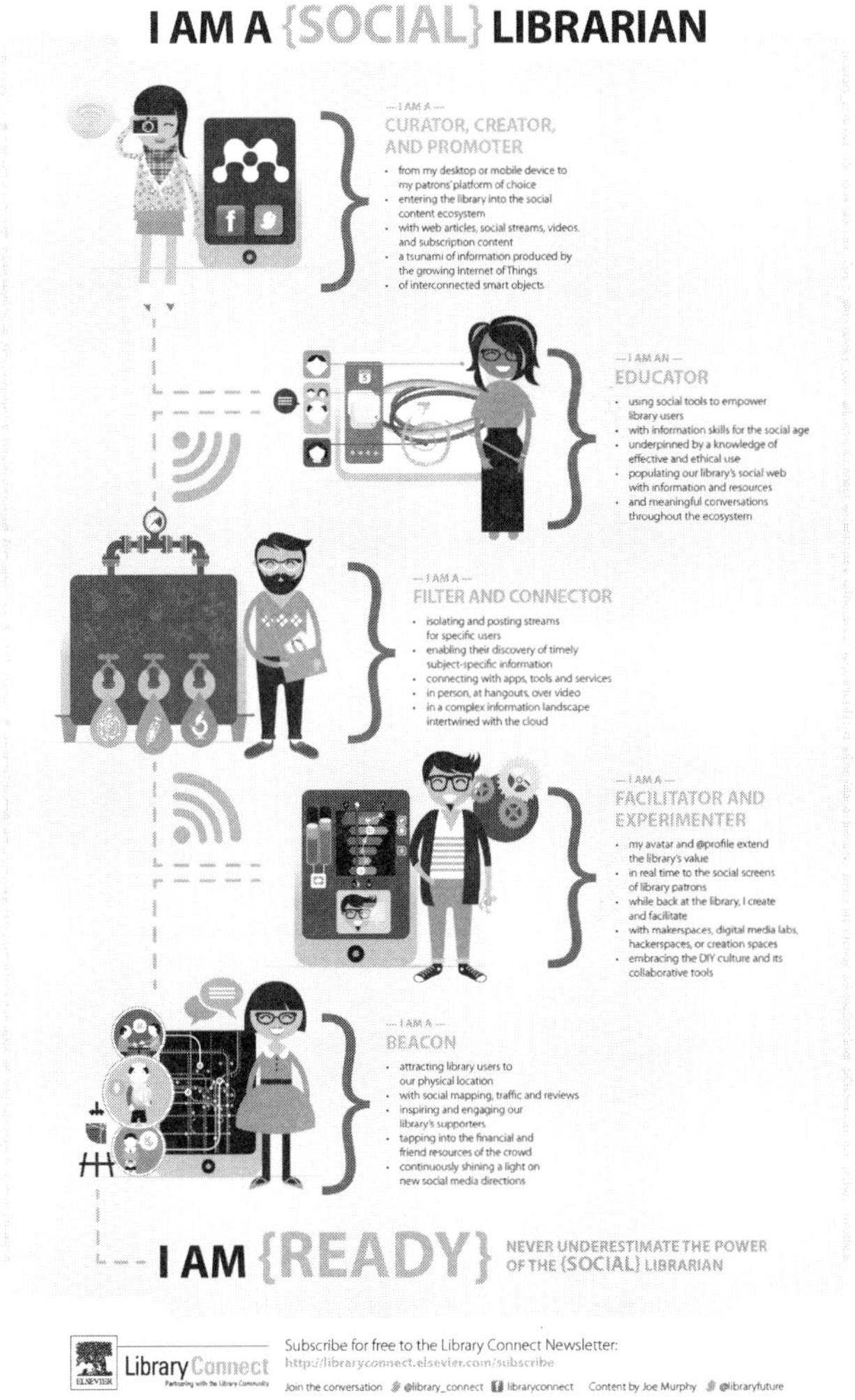

これからの図書館員は，さまざまなソーシャルなサービスを担います

小布施町立図書館まちとしょテラソ（日本）．図書館で借りた iPad で音楽を聴いています

私はひとりで読むのが好き！　図書館は自立と創造力を養う体育場でもあります

アルメレ図書館（オランダ）．小さな子ども用のテレビゲーム

サラ・ボルサ図書館（ボローニャ）．キッズスペースが盛況のとき，ベビーカーはどうしよう？

鳥取大学附属小学校図書室（鳥取市）
日本の小学校にはイタリアと違って図書室がある

明治大学図書館和泉図書館
（東京）
携帯電話はこのなかで

明治大学図書館和泉図書館（東京）
ここでは紙の Twitter！

明治大学図書館和泉図書館（東京）
疲れたときにはひと眠り．居眠りを禁止する貼り紙はない

明治大学図書館和泉図書館（東京）
エントランス脇には，学生や区民が集う気持ちの良いカフェがある

DOK 図書館（デルフト）．屋根のある小広場の奥に，小さなステージがある

ルイーズ・ミッシェル図書館（パリ）．いつも人で賑わう広い空間

第4章 「みんなの図書館」のつくり方

空間は、ある集合的瞬間にやどる魔法を表現し、壁や仕切りや天井の組み合わせとして在るのではなく、ほとんどつねに空気や光や音のような触れることのできない要素によってつくられるものである。

レンゾ・ピアノ

ヤリッパナ市図書館

イタリアの感じの良い町、ヤリッパナ市の図書館に入ってみることにしよう。10年前にやる気のある市長に導かれ、行政は図書館の改築費を捻出し、図書館の内装を一新させ、蔵書数を大幅に増やした。この町の市民はみな読書を愛している。さて、よく注意して聞いてほしい。この新しい図書館には、他の図書館によくある背の高すぎる書架、本を詰めすぎの書架、机に近すぎる書架はない。すべての場所が学生によって占領されてもいない。キッズコーナーは学校の教室のような雰囲気ではないし、本は表紙が見えるように並べられている。なるほど、ヤリッパナ市図書館にはなんらかの意欲があるようである。

図書館を入るとすぐにたいそう立派な木製カウンターがある。2名の職員が受付、貸出、返却、レファレンスといった業務を行っている。しかしこの「カウンター」、少々仰々しくはないだろうか。まるでここは文化の城郭で、彼らはその門番のようである（ときどき私はノコギリを持ち歩きたい衝動に駆られる。もちろんカウンターを低くするためである）。市民はレファレンスサービスを受けるために長蛇の列をなしている。なぜなら案内表示の意味がよく分からないからである。矢印の下にはこう書いてある。「定期刊行物資料収集室は右、評論・法律・小説は左奥」だそうである。

図書館員はとても親切に、入館するだけなら利用者カードは要りません、図書やAV資料を借りるには、利用者登録の必要があります、と説明する。それなら、住所、電話番号、住民ナンバー、証明写真などが必要なその登録用紙に記入することにしよう。ご記入はこちらでお願いしますと言われたので、カウンター脇で立ったまま書き込む。その間も資料を借りる人、返す人が辛抱強く自分の順番を待っている。

ここで起きたことに、なに一つ「間違っている」ことはない。が、いくつかの、しかも些細なことで、サービスの質を向上させることができる。例えば、オンライン登録ができるようになれば（いくつかの図書館では実施済み）、利用者・図書館員の双方にとって時間の短縮になるだろう。あるいは、その場で必要な情報を口頭で伝えながらシステムに登録してもらい、すぐに利用者カードを発行することもできるだろう。

もう一つの改善点としては、貸出・返却のセルフサービス化である。閉館中にも図書の返却ができる返却ポストや新刊の自動貸出機があったらなおいいだろう（ミラノ・ガリバルディ駅やモデナの哲学フェスティバルでは新刊文庫の自販機が設置されている）。

自動貸出にはRFIDの購入が前提とされる。RFIDとは資料の情報を記憶したタグで、現在では小額（数十セント）で購入できる。利用者に自動貸出機の使用を促した図書館では、すぐに貸出の80％が自動貸出機によって行われるようになった［185頁のパリの図書館の統計を参照］。この技術を採用するための費用は、およそ二年で減価償却できる。これは貸出冊数の多い大型図書館だけでなく、職員が一人しかいない小さな図書館でも有効だろう。貸出・返却手続きに追われる図書館員に、利用者のサポートをする余裕はほとんどない。

私はつねづね、とくに外国の図書館員の豊かな良識と実用主義に驚かされてきた。例えば、予約図書専用棚を作り、予約した本人が取れるようにするといったことである。そこには、他人の予約図書を取って行ってしまうのではないかという愚かな杞憂はない。イタリアでは何か新しいことを始めようとするとき、まず行われるのは阻止することである。これがイタリアの公務員の典型的な態度である。「こんなことをしたいのだが、どのようにしたら形式的な問題を乗り越えられるだろう」と積極的な態度で問題に臨むのではなく、規則や単なる習慣を、それはできませんと言うための口実として使うのである。

さて、利用者登録用紙の記入が終わった。カウンターの後ろにいる職員が利用者カードを準備している。その間、館内を一周してみることにしよう。と、その前に、アリーナを助けてあげなくては。アリーナはウクライナ出身の素敵な女性で、とても上手にイタリア語を話す。彼女は新聞がどこにあるのか、ロシア語の新聞や雑誌はあるのかを知りたい。彼女を「定期刊行物資料収集室」に連れて行ってあげよう。ところで、だれがこの案内表示を作ったのだろう。もっと簡単な言い方もあるだろうに（「新聞・雑誌」や「雑誌スタンド」など）。あるいは、座って新聞を読むピクトグラムで表示されていたらもっと分かりやすいだろう。

シッターについて

イタリアの成人で本を読むのは43％だが、シッターの76・5％は余暇の時間に本を読んでいる。熱心な読者（最低月一冊）はイタリア人の成人では13％だが、高学歴の女性では32％になる。しかしローマ市の調査［2012］によると、そのうちの15％しか地域の図書館を利用していない。一番の理由は時間がないからだが、開館時間が不適当だったり（シッターの休日の日曜午後は閉館している）、インターネットの無料接続など彼らにとって有益なサービスの情報が行き渡っていないことも原因だろう。

彼らが読むのはイタリア語や母国語で書かれた古典や詩、例えば、トルストイ、ドストエフスキー、バルザック、ゾラ、ヘミングウェイ、マリーナ・ツヴェターエワ、アンナ・アフマートヴァの本である。詩を読む人の割合は16・4％で、これは恋愛小説（14・1％）やミステリー

（9・9％）よりも高い。アリーナが私に助けを求めたのは、この人なら訊いても大丈夫だろうという安心感を抱いたからかもしれない。しかしおそらくは、彼女の近くに手の空いた職員がいなかったためだろう。すでに職員に関する問題がここにはある。受付にいる職員はわずか数名、そしてだれもが手がふさがっている。私は、こんなふうにしたらどうだろうと思う。つまり、入口のカウンターを軽装備にし、職員に困っている人がいないか探しに行かせるのである。北欧の多くの図書館では、入口のカウンターは総合案内のためだけに設置されていて、館内にいくつかのインフォメーションカウンターを配置している。駐在する職員の有無は時間帯によって変わる。このようなサービスは、図書館をもっと親しみやすく、流動的な場所にするだろう。

私は新聞雑誌コーナーのソファに腰をおろし、iPad を取り出す。「Internazionale」のサイトで読みたい記事があったのだ。ヤリッパナ市では Wi-fi のサービスはあるのだが、使うには利用者カードをもって職員のところに行き、パスワードをもらうためにまた別の申込み用紙を出さなければならない。そう考えたら面倒くさくなって、読む気も失せてしまった。他の町では中心地を自転車で走りながらメールを受信できるというのに、図書館ではできないなんて！　今日の図書館は、サービス向上のために、速やかに規則の変更について検討しなければならない。つまり、館内のどこからでも無料アクセスできる Wi-fi 環境を整備しなければならないし、案内表示は図書館の「ボーダー」

を拡げるためにも、外国人に通じるようなものでなければならない。ペーザロのサン・ジョヴァンニ図書館で私の同僚が心配したのは、どのように図書館の「庭」でのWi-fi利用を「制限」するかということだった。彼らは館内での不適切で制御できない使用を怖れていた。私はこのような心配が今後少なくなるよう切に願っている。

iPadも使えないし、辺りを見回してみることにする。すると周囲の人々は、私よりはるかに年長者であることが分かった。この図書館には雑誌がたくさんある。これはいいことである。しかしその大部分は、ここにいる人にとってあまり役に立っているようには思われない。この図書館に必要なのは、彼らの関心に応じたサイトを使えるように促す有能な図書館員や、週に一度、情報の「解読」の仕方を教えるジャーナリストだろう。そうすることで、ここが老人ホームとなるのを防ぎ、活動の場に変えることができる。

ボランティアによるサービスを活発化させるのも一つの手である。いまだにパソコンを現代の珍妙品だと思う人たちに、その使い方を教えたらどうだろう。町には潜在的なボランティアがたくさんいる。どのようにアイコンをクリックするのか、どのように文書を保存するのかを教えるために、数時間費やすことのできる人を探すのはそう難しいことではない。老人もまた、一度習得してしまえば、喜んで友人に習ったことを教え、友人に自分は「若い」ことを示そうとするだろう。70歳位の老人が私のiPadを興味深そうに見つめ、どのように使うのか、いくらするのか、使うのは難しいのかと訊いてくる。私は喜んでそれに応じる。なぜなら図書館ではiPadの利用サービスを行っていないからである。よく考えてみよう。イタリアの人口の4分の1は65歳以上であり、全員がテクノロジー愛好者ではない。それどころか、国立統計研究所によれば、パソコンを使うのは、65歳から74歳で19・5％、75歳以上では3・9％しかいない。図書館でiPadが利用できたらなおいいだろう。

図書館には孤独から逃れるためにやってくる老人がたくさんいる。または1・3ユーロの新聞代が家計の負担となる人が新聞を読みにくる（最終的には月40ユーロ。このお金で電気代や薬代を賄うことができる）。こうした老人はパソコンを持っていない。たとえパソコンの使い方を習ったとしても、おそらくその後自分のために購入することはない。ヤリッパナ市の行政は、何をすべきだろうか？ もちろん、彼らにパソコンの貸出を行うべきだろう。

図書館は場所を取る古いデスクトップ型パソコンから解放され、館内のどこでも使えるノート型パソコンを購入してはどうだろう。もちろんその場合、すでにいくつかの図書館では実施されているが、あらかじめWi-fi接続の環境を整えておくべきである。利用者カードと引き換えにノートパソコンを貸し出し、利用者はメールを受信したり、デジタル新聞を読んだり、飛行機のチケットを予約したり、税金の書類を送信したりする。つまり、市民がより自立的になるように、図書館は手助けをしなければならないのである。

定期刊行物資料収集室の近くには音楽コーナーがある。職員たちは正しい指針にしたがいこの図書館を改築した。つまり入口近くにもっとも人気のあるコーナーを置いた。しかし残念なことに、時代が経った今日ではCDは姿を消しつつあり、無料配信や無料・有料ダウンロードを通じて視聴されている。おそらく将来的には、音楽マニアのためにレコードはあり続けるかもしれないが、CDはそうならない。私たちに必要なのは有能な図書館であり、配信サービスにアクセスすることを提案できる図書館であり、とくに音楽を聴くことを活発化させたり楽器を貸し出すなどして音楽の制作にかかわらせることを提供する図書館である。ストックホルムやアムステルダムの図書館に入ると、消音されたピアノが置いてある。北欧の図書館では、しばしば楽器の利用サービスも行っており、館によっては貸出もしている。このような進歩が図書館の空間や内装に及ぼす影響は大きく、今後は、例えばロックスターを目指すバンドやバロック音楽の愛好者が、集団活動を行える多機能な小部屋が必要となってくるだろう。

テクノロジーはすぐそこまで来ている。ヤリッパナ市にもやって来させなくては。例えば、映画コーナーはテクノロジーの発達により不要になるかもしれない。映画の貸出はまだなされているが、いまだに技術的な問題やコピーライトの問題がある。しかし将来的には、Netflix のような映画配信サービスが音楽分野で実証済みの結果をもたらすだろう。つまり、すべてがインターネット経由になるということである。

家に帰り、甥に明日、図書館で予約した本を取りに行ってくれるようお願いする。そうしたのは、彼に図書館を使うように後押ししようと思ったからである。図書館員はとても親切に予約図書の用意ができたと電話をかけてきてくれた。しかし、これは他の図書館や書店でしているようなショートメッセージでも事足りるのではないだろうか。

大学生の甥は図書館からがっかりして帰ってきた。ヤングアダルトコーナーの隣りにキッズコーナーがあり、それが気に入らなかったらしい。なにより図書館には刺激がない、わざわざ行く「確かな理由」がないと甥は言う。では、どうすればいいのだろうか？　おそらく、ヤングアダルトだけの空間にすればいい。海外の多くの図書館のヤングアダルトコーナーは、イタリアとまるで違う。マルチメディア機材が充実し、インタラクティヴで、テレビゲームが取り揃えられ、音楽を聴いたり「演奏」したりするスペースになっている。

テレビゲーム？　今だれかテレビゲームと言いました？　すぐに同僚からの反発が聞こえてくる。ヤリッパナ市の図書館員からだけではない。アメカゼ市、ゴウウ市、カイセイ市からも聞こえてくる。テレビゲームについては、電子書籍と同じように悩みの種となるかもしれない。私の受信ボックスには図書館「専門」のメッセージが山ほど溜まっていて、そのうちのいくつかはまったく失礼な内容のものである。5年前に私が社会的な図書館について語り始めたときもそうだった。今ではそうした考えも受け入れられ、こうした議題のもと会議が開かれたり、イタリア図書館協会でも議論されるようになった。

テレビゲームについては、多くの図書館員がこのように言う。「すでに充分に家でゲームをしているのだからここでは本を提案しなくては」と。私は図書館の義務とは、あらゆる形式の質の良いものを収集し、一番優れたものを親にすすめることだと考える。要するにおもちゃの形式が進化しただけのことである。70年代以降、多くの図書館ではトイライブラリーを問題なく導入している。イタリアではエミリア＝ロマーニャ州のフィオレンツォーラ・ダルダやカヴリアーゴでテレビゲームを提案している。すべての新しいサービスがそうであるように、このサービスについてもじっくり知り、選び、管理されるべきだろう。デルフトの図書館には資料として置かれているのに、なぜイタリアでは駄目なのだろうか？

二日後、図書館にふたたび行く。ヤングアダルトコーナーがどのようになっているのか見てみようと思ったのである。しかしその前に夫に頼まれた本を借りるために評論・随筆の書架に向かう。政治学の本なので320の棚に向かうと、一人の女学生が放心していた。彼女はコンパスも虫除けスプレーも持たずに深い森に入ってしまったような表情で、デューイ十進分類法に基づく書架の間をうろうろしている。何を探しているのか訊くと、イタリア憲法を探していると言う。ここ（342.45）がそうだと彼女に教えてあげる。そこには政治形態についての図書が一緒に排架されている。そこでふと、私は本当にここがイタリア憲法の場所なのかと考える。憲法改正についてこんなにも議論されているのに、なぜ市民が読むべき本の一冊として入口付近に置かないのだろうか。イタリア憲法は今話題の「アクチュアリティ」ではないのだろうか。私たちはこの話題について関係資料を展示すべきではないだろうか。私たちは制憲議会の写真を探し、マルチメディアな小展示を行うべきではないだろうか。ライ・ストーリアやイスティトゥート・ルーチェのドキュメンタリーも一緒に見せたらなおいいだろう。そして、関心をもった市民が議論し、比較し、関連テーマを見つけ、しかるべき理由にしたがって投票できるように、外国の憲法もイタリア憲法と一緒に展示すべきではないだろうか。これこそが図書館の責務であり、図書館にある根本的な「民主的使命」に通ずるのではないだろうか。これは最新ベストセラーを5冊購入することよりもずっと重要な任務であるはずだ。もしかしたら無関心な大学生もこうした展示には、図書館に課題レポートに必要な資料を読みに行くのとは違う「確かな理由」を見い出すかもしれない。私たちは2013年12月に行われたショッキングな統計結果を知っているはずである。30%のイタリア人は民主主義を「諦める」ことができると回答したのだ。私たちはその記事をコピーし、拡大して展示し、討論の場を作らねばならないのではないだろうか。

新刊コーナーでは、ヤリッパナ市図書館の同僚たちは読者のリクエストに忠実にしたがってベストセラーを並べている。そこには昨年度のストレーガ文学賞やカンピエッロ文学賞の受賞作品がある。もちろん、おなじみのデ・カタルドや常連のカミッレーリの小説もある。小説家には敬意を表するが、今こそアントニオ・グラムシを再発見し、大文字の文化の「民主的役割」を護り、諦めや臆病にピリオドを打つ時ではないだろうか。フランスの建築家ポール・シュメトフは言う。「図書館がセルフサービスの棚から成る文化のスーパーマーケットであってはならない。たとえ音楽、写真、電子メディアといった資料を提供するにしても、図書館は他とは違う、黙考できる場所であり続けなければならない。つまり、自分の内に籠ることを可能にさせる場所でなければならないのである」［Chemoetov 2012, p. 46］。

ペーザロのサン・ジョヴァンニ図書館では、オランダのユダヤ人女性エティ・ヒレスムの日記がアデルフィ出版から再版される何年も前に討論会を企画した。細やかな下準備を行ったこの催しには会場に入りきらないほど人が集まった。今日、図書館が行うべきことは、イタリア中にあるたくさんの読書グループに市民を巻き込むように働きかけることだろう。海外の文学や評論を発見させ、私たちの利用者をFacebookやTwitterの情報止まりにさせるのではなく、掘り下げるように刺激しなければならない。重要なのは、デイヴィッド・ベルが書くように「昨日まで図書館員が利用者を黙らせていたなら、今日からは彼らをしゃべらせなければならない」のである［David Bell 2012, p. 30］。図書館は利用者とともに働き、彼らの考えを歓迎しようではないか。

家に帰り、ヤリッパナ市の同僚に地元のアーティストと新しいサービスを始めることに興味はないか訊いてみようと思いつく。私はイタリアでも「アートテーク」を導入するべきだと考えている。「アートテーク」とは、芸術作品（版画、絵画、彫刻など）を貸し出す図書館のことで、イタリアで行っているのは、私の知る限りではエミリア゠ロマーニャ州カヴリアーゴの図書館だけだが、ロンバルディア州では北西連合が取り組み中である。海外では70年代以降に広まり、例えば、フランスでは、グルノーブル、リヨン、エヴルー・ミュールーズで実施されている。北欧諸国ではデルフトやその他多くの図書館で行っており、ヘルシンキでは運営をアーティストが行っている。各作品は査定されており、保証金と引き換えに貸し出される。貸出期間の終了後には返却しても、分割で買取ることも可能である。

ヤリッパナ市図書館のなにが良くないのか？ ある観点から見れば良くないところはひとつもない。しかし将来を見据えるなら、すべての点で良くない。古いやり方、古い人間から考え出された企画、取り立ててやる気のない職員によるおざなりな運営（役職者が図書館員を励ましたり、やる気にさせたりすることはない）。図書館が、不透明で、静的で、慣例的であってはならない。活発な有機体になり、法律、規則、しきたりのもつれから脱出しなければ、時代の変化を生き抜くことはできない。そうすることでしか図書館の有用性は明確にならない。私たちに必要なのは、図書館学の教科書よりも若い図書館員、やる気のある図書館員、市民とコミュニケーションを図る図書館員、人々の間に分け入って何時間も仕事ができる図書館員なのである。

拝啓 図書館員さま、建築家さま、市役所整備係さま

私はこれまでの経験のなかで、ヤリッパナ市のような図書館をたくさん見てきました。最近では自分のことを、排水口の具合が悪い時に呼ばれる配管工のように思うことが多々あります。なぜかというと、図書館のための建物が選ばれ（しばしば改築された建物）、内装も整備され、開館日が選挙日にあわせて急に決まった頃、同僚の図書館員や評議員、市長からお呼びがかかるからです。そうした図書館では、なにからなにまですでに決められているのに、図書館全体としてはまったく機能しないのです。大抵の場合、特定の原因があるわけではありません。原因は政治家、管理職、建築家の無関心や無意識にあります。今日の図書館は多角的なシステムですから、公衆との関係、テクノロジー、建物の運営などの問題に向き合わなければなりません。一昔前の図書館とは多くの点で異なります。サービスとは何なのか、サービスがどのように機能するかを理解せず、図書館の特徴も定義せず、すべての作業行程に参加するチームも作られていないことが多くあります。

こうしたなか、例として挙げるのに相応しい社会的、政治的、技術的プロセスを経た図書館があります。14年も前に建てられたチニゼッロ・バルサモの図書館です。チニゼッロ・バルサモは、人口75、000人の小都市ですが、図書館に1200万ユーロという莫大な投資を行いました。彼らは勇敢にも長期的視野をもち、無秩序の集団を力強い作業員に変える計画に着手しました。ロンバルディア州セスト・サン・ジョヴァンニ周辺はかつて工場地帯でしたが、現在ではほとんどの工場が閉鎖されてしまい、新たな仕事を必要としていました。大型工場の影が残り、移民によって成長してきた地域が社会的結束力や誇りをもつには、何を持参金にし、何に焦点を当てればいいのでしょうか？　美術館と公園がある総面積6622㎡（一般利用面積は5027㎡）のこの図書館は、人口比にしてもっとも広い図書館に数えられます。イタリアに欠けているのは、まさにこのような長期的視野をもつこと、将来を見据えたプロジェクトを立ち上げることです。

親愛なるプロジェクトチームのみなさん、もし新しい図書館を開館、あるいはこれまでの図書館を改築するなら、重箱の隅をつつくように綿密に計画を立てなければなりません。図書館という重要なサービスを作るというのに、具体的なデータとして蔵書数や座席数しか記載されていないような数枚の計画書ではいけません。ピエール・リブレはフランス国立図書館のコンペの参加を拒否しましたが（一等はドミニク・ペロー）、その理由は、図書館学的な計画があまり詳らかではなかったためでした。

残念なことに、新図書館の計画は、多くの場合、周辺地域に対するサービスやその未来を根本から見直したものではなく、単なる設備や資料の移転としか思われていません。サービスの「再配置」、地域との関係、利用者と非利用者についてはほとんど考えられていません。新しい図書館は、時代の傾向、需要、情報技術に合わせ、さまざまな期待に応えなければなりませんし、どんな図書館もそうしたことに挑戦しなければなりません。

新図書館、あるいは簡単な「リスタイリング」には文化的・科学的な計画が必要とされます。従来では「図書館学的な計画」という言葉が使われますが、私は「文化的・科学的な計画」と言った方がいいと思います。なぜなら「図書館学的な計画」では、未来の図書館が進むべき道を正しく方向づけるには不充分だからです（図書館は「継続する」ために建てられるのです）。

まず、古い図書館、そのサービス、日常的な機能、予算、職員、利用者について明確で正確な分析をしましょう。そして現在の利用者、潜在的な利用者を知り、地域の特性とその地域に与える図書館の影響も分析する必要があります。地域についてアンケートや調査を行い、市民を参加させながら行うのです。計画の初期段階で、図書館のパートナーを探し出しておくといいでしょう。つまり、図書館が地域にとけ込むために協働できる文化サービス（美術館・博物館・劇場など）、それから巻き込むべき団体、協会や「投資家」グループについてよく知っておく必要があります。

計画における主な臨界は三つあります。建物の種類が不適切、建物が小さい、計画から開館まで時間がかかりすぎるというものです。これにはさまざまな理由がありますが、どれも役所の出口のない畦道に入り込んでしまいます。つまり、厄介な規則や繰り返される予算の変更に振り回されてしまうのです。さらに請負業者の倒産や工事の中断（フレスコ画が発見されるなど考古学上の歴史的地区であるため）、また地滑りなど自然環境の不測の事態なども起こり得ます。

ここ数年、格別悪いところはないのに、機能性に乏しい図書館改築をいくつか見ました。例えば、ヴェネツィア式床やタイル床の広い空間、冷たい資材のキッズスペース、不要なドア、防音設備のない学習室、それから1階に有効なスペースがあるにもかかわらず、2階や3階に図書館を設置したケースなどです。図書館に多くの人が来れば、騒音が問題になるのは言うまでもありません。冷たい床の上に子どもたちは座りませんし、階段は障害になります。イタリアで図書館が新設されるのはわずか14・4３%です。29・１６%は歴史的建造物内に設置されています。そして過半数以上の50・７１%は、別種の建物、例えば教育施設などに付設されています［CEPELL-AIB 2013］。

図書館計画で重要な要素は、防音設備、空間利用、運営方法です。この点については多くの研究がなされているにもかかわらず、あまり省みられることがありません。改築計画では利用者の快適さより、文献学的な価値と建物の歴史的価値が優先され、それを護ることが責務だと考える傾向にあります。これは現代の図書館のあるべき姿について知識が足りず、建設に関するガイドラインや国家プログラムがないためです。そして結局、建築家により使いにくい図書館へと翻訳されてしまうのです（充分な発注がなく、こうしたテーマについて考える機会がないためです）。

防音設備

防音設備に関する問題を解決するのはややこしい。モケットのような吸音効果のある素材が使われることはほとんどなく（海外の図書館ではよく使用されているが）、たとえ機能性が優れていても（不燃性、掃除がしやすい、非アレルギー性）、イタリアで提案するのは難しい。もちろん、床はフロア別、用途別にしたがい、異なる資材を利用すべきだろう。しかしこれもまたそうではないことが多い。建築家はすべてが同一であることを好み、まるで家のバスルーム、キッチン、サロン、寝室、エントランス、階段の床がすべて同一であるかのように図書館の床を設計する。

騒音を減らすには、音の発生する場所について介入しなければならない。つまりコピー機などは離れた場所に設置し、さまざまな環境下での音の伝導の仕方について取り組まなければならないのである。オープンスペースはとても気持ちが良い。例えば、郊外に建つチニゼッロ・バルサモ図書館のアトリウムと大階段は、すばらしい「居場所」になった。人々はまるでミラノの大邸宅に居るかのように大階段に寄りかかり、おしゃべりをし、散歩をし、出会い、人と知り合う。そこは洗練された都会的ミクロコスモスになったが、かなり騒がしいことは否めない。

この問題を解決するには、すべての場所が静寂でなくともいいと認めることである。静けさという特質はいくつかの部屋だけにもたせ、建物全体の音の質がさまざまな利用者の間に衝突を生まないように設計されるべきである。空気中の騒音を抑えるためには、天井や壁について研究しなければならないだろうし、足音や反響音を抑えるためには、場所の使われ方や周囲の音について分析しなければならないだろう。その上でレイアウトが決められるべきである。とくに図書館の核、つまり利用者全員が行き交うホールについてはこうした調査が必要である。

空間の利用法

どんな図書館計画でも、時間や日により、さまざまなエリアをさまざまに利用できるように考える必要がある。多くの公共施設に共通する問題点は、そのありきたりな利用法にある。学校、会議室、劇場の場合と同様、私たちの図書館もまた、活用しきれていない空間がいくつかある。例えば講堂などがそれにあたるが、その他にも一年のなかで（夏休み期間など）ほとんど使われない空間はいくつかある。私は計画について考え始めるとき、利用可能スペースが国際標準の半分に満たない場合であれば、まず「利用の特性」について調査する。つまり、その場所の環境や市民のニーズから出発し、規則やガイドラインをもう一度検討し直すのである。その空間を市民がどのように使うことができるかについて想像し、さらに、企画の構想に直接市民を巻き込み、そこで何をしたいか、どのように使いたいか、どのように過ごしたいかを考える。図書館建設には、他の建築物よりも多角的な検討が必要とされる。都市空間にとけ込み、地域の機能性を高め、安全性を保障し、運営されなければならない。未来の利用者の期待や文化的・社会的ニーズを理解し、すべてを満足させるのはとても野心の要る計画となる。そうした図書館を市民とともにつくり上げることができれば、その図書館は市民から利用され、尊重され、大切にされるに違いないだろう。

運営について

開館したばかりであるにも拘わらず、すでに光熱費の支出に苦労している図書館がある。言うまでもなく、光熱費は以前より値上がりしている。そうした図書館は、省エネルギーについて全く考えられておらず、計画や工事に何十年も費やされた建物であることが多い。15世紀の古い建物を「グリーンライブラリー」に変えるのは、困難というよりほとんど不可能に近い。おそらく倉庫などの方が、図書館の建物として適しているだろう。

用途に応じた人の往来や循環を充分に研究し、それに基づき建物を分割する計画を目にすることはほとんどない。なぜだろうか？　一般的には、市役所や評議会の内部で情報交換がしっかりと行われないからである。公共事業課は建物だけ、文化政策課はサービスだけを案じている。しかし、建物の種類により光熱費が変わることは理解していない。例えば、複数のエントランスがあれば光熱費はかさみ、職員、開館時間、全体の機能にも影響が出る。

資料収集や文化イベントのための費用がないという図書館の収支を見てみると、給料と光熱費で予算が使い果たされてしまっている。新しいサービスを考え出すための維持費がないのである。これでは継続的で効果的な図書館を望むことはできない。運営費については充分に考える必要があるだろう。

子どものためのスペース

子どものためのスペースを計画するのは一番むずかしい。なぜなら自立のための体育場として着想されなければならないからである。そこは日常生活の苛酷さや堅苦しさとは無縁の場所であってほしいと私は思う。そのためには規則のない開かれた環境と、適切なメンタリティをもった職員が必要とされる。

このスペースは0歳から13歳までの子どもたちの場所となる。そこにはじつにさまざまな要求があり、私たちはそれに応えていかなければならない。主な使命は、あらゆる種類のメディアを通じた学習と読書であるが、同時に、遊びの場、体験の場、年長の子どもと年少の子どもの共存の場でもあるべきだろう。そのサービスには、学校、教師、親との協働活動が含まれていることを覚えておこう。

子どもは0—3歳、4—7歳、8—13歳という3つの年齢層に大別できる。建物の性質と利用者の特質に基づき、どの程度の空間が必要か、図書館内のどこに配置するかを考える。一般的には、入りやすい場所、階段やエレベーターのような障害物のない場所、自然光がよく差し込む場所を選び、できればグループ作業ができる独立したスペースもあるといいだろう。それが庭に面したスペースであれば理想的である。広さに関しては、少なくとも一クラス分の子どもたちが入れる程度でなければならない。

空間作りとしては、机、椅子、床、壁などには暖色を用い、丈夫で洗える素材や暖かみのある資材など、異素材を混ぜて用いる。「ナイトライブラリー」は世界中の子どもたちから喜ばれるイベントであるが、子どものためのスペースも、イベントやプログラムに応じてさまざまに利用できるように柔軟性のある空間にしなければならない。子どもたちの創造力や想像力を刺激し、彼らがここはいい場所だと直感できるように設計しよう。書架は低く、資料の大部分、とくに絵本は表紙が見えるように配置する。それにはもちろん、広いスペースが必要である。図書館が自動貸出機のシステムを導入しているなら、このエリアにも背の低い自動貸出機を設置してもいい。「読み聞かせ」にはできるだけ離れた場所の一角を利用するといいだろう。

その他、スペースの質を定める要素を以下に挙げておく。

- 子どもの背丈にあったトイレ
- おむつ替えのできるミニテーブル（上げ起こし式）と哺乳瓶ウォーマー
- ベビーカー置き場
- 読書イベントやもの作りのワークショップなど、さまざまに利用できるスペース
- ベビーチェアが設置された大人用のトイレ

空間と人

図書館の計画チームに参加して気づかされることがある。それは、専門書を読んだり研究をしたりするより、図書館を見て廻り、そこを利用する一人の市民として観察したり、文化財保護のために働く市民や、地域の合法性を護り社会的弱者の支援のために働く若者に出会う方が私には有益であるということである。このような経験を得ることで、私は民主主義の基礎にある接着剤となる文化の概念について考えることができる。例えば、サルザーナの法律支援協会はマフィアに強奪されたアパートを図書館にしようと決心した。カゼルタの「知の広場」促進協会、ノナントラの市民、カヴァッレルマッジョーレ図書館の友人たち、トリノのカッシーナ・ロッカフランカ市民センター、火山地帯であるカイヴァーノ、カルディート、フラッタミノーレ、クリスパーノの市民など、私はこれまでに多くの人々と図書館の未来について話し合ってきた。このような出会いのあとにはいつも、自分が残すものより持ち帰るものの方がはるかに多いと感じる。新しい計画に参加すると、こうしたすべての経験が私の工具箱に収められる。だからこそここで、私は日本での経験の一部をお話ししようと思う。

日本に到着した翌日、私たちは仙台に向かった。仙台には伊東豊雄により設計されたせんだいメディアテークがある。せんだいメディアテークと言えば、世界中でもっとも興味深い図書館建築のひとつである。私はそこで「知の広場」について彼と対談をすることになっていた。対談前、伊東豊雄は私を「みんなの家」に連れて行ってくれた。この「みんなの家」とは、伊東が２０１１年の東日本大震災の被災者たちと一緒につくった家である。その目的は共同体に出会いの場をつくることだった。

仮設住宅で暮らす住民を見た伊東は、家族、家、思い出、仕事を失い、肉体的にも精神的にも破壊された人々が集まり、隣人と話し、食事をし、飲み、未来について一緒に考えられる場所をつくりたいと強く思った。このような場所をつくるには、住民と議論し、ともに企画し、必要の本質の視点に立ち、建築を再考することが不可欠だった。実際、伊東は何が本当に必要かを人々に訊いて廻り、「人が集まる場所、おしゃべりをしながら復興について議論する場所が必要なのだと分かった。それから、日本家屋の典型的要素で、人に会い、打ちとけやすくさせる軒先と縁側のような、仲介的な空間を必要としていることも分かった。それから薪ストーブがほしいということも分かった。これは住民たちにとって慣れ親しんだ、人が集まりやすくなるためのもう一つの要素である。つまり、伊東が設計してきたような「現代建築」を住民に提案するのは、完全な場違いだったのである」［Yosuke 2013］。

「みんなの家」は一見したところ、木造の小さな家である。小さな庭と縁側があり、室内はひと間で大きな食卓が一台ある。その食卓は、食事のためではなく、共同体の未来について語らうためのものである。大地震が破壊したものは、自由合理主義経済市場につながる近代的価値観のもとに建設された町だけではない。ツナミは社会システム全体を根底から揺るがした。伊東は今日の建築の役割とはなにか、建築はラディカルに変わらなければならないと考えるにいたったのである。「みんなの家」は、伊東が人との関係性や協働を強調することで、日本人の精神性を変える重要な転機を反映するプロジェクトになった。人々は、この価値こそが重要だと分かったのである。さらに、このプロジェクトをきっかけに、日本では現代の建築と建築家の役割が議論されるようにもなった。

「避難所での暮らしはプライバシーもなく、寝泊まりするスペースを確保するのが精一杯です。……ここでの暮らしは非人間的な極限状態の生活なのです。しかしこのような生活においても、人間らしく生きたいと願う人々は、空き箱を食卓として笑顔で食事を楽しもうとします。……そんな感動的な姿に私達は、最も原初的なコミュニティを見ることができます。そしてこのような場に最低限のかたちを与えることこそが建築の始まりと言えるのではないでしょうか。建築家ならばそうした……場をもう少し人間的に、もう少し美しく、もう少し居心地良くすることが出来るはずです。このような始原の建築を私は「みんなの家」と呼びたい。そして被災地の避難所や仮設住宅の間に、この「みんなの家」をつくりたい。……そこに行くと人々がソファやテーブルを囲んで語り合うことができ、またコーヒーを飲みながら本や新聞を読むことができる。そんな心の安らぎを得られる場所、それが「みんなの家」なのです。それはいかに小さくとも、家を失った人々が心のなかでなら抱くことのできる「私の家」に代わることができるかもしれません。……」[Toyoo 2011]

イタリアの話に戻ろう。この市民に「訊いて廻る」という重要な訓はイタリアでも受容されるべきではないだろうか？　私たちに必要な図書館とは、社会・文化・地域を「結束する」役割を引き受け、展開することのできる図書館である。このような目的を成功させた一つの例に、トリノ・ミラフィオーリ地区の酪農場を改築したカッシーナ・ロッカフランカ市民センターがある。それは私の考える「知の広場」にとても似ている。

このセンターの目的は、「日常の家」をつくること、つまり、経済的に持続可能で自営の空間をつくることだった。市民はそこで、人を迎えたり、音楽を聴いたり、情報を得たり、家計のアドバイスを得たり、生涯学習の機会を得たり、パーティーをしたりといったサービスを受けることができる。つまり、義務としてではなく喜びとして市民参加がなされる「気楽な」空間なのである［Fondazione Cascina Roccafranca 2010］。工事には数年かかったが、今ではカッシーナ・ロッカフランカは地域の集まりの拠点となり、市民生活の質を向上させるモデルとなった。

『共有スペースを再創生する酪農場《カッシーナ》』はすばらしい本であるが、そのなかで著者はこのセンターの歴史を語っている。「社会的労働者として、美的に心地よさを感じる空間、あたたかみのある空間は、私たちに仕事をしやすくさせる。調和のとれた心地良い空間、手間をかけられた空間では、人は自分の価値をより強く感じる。それに、美しい場所は、清潔に保ち、整理整頓しやすい。職員はニーズに適った空間を提供することに職業意識を感じる。そうするために、次から次へと出てくる問題に取り組んだ。……共有スペースを作るためには、異分野の専門家による協同プロジェクトや協同研究が基礎となる。……改築前のカッシーナは地域生活の中心にないどころか、数十年前に閉鎖され廃屋だった。……7年に及んだ改築工事を終えた今日、カッシーナは大切な場所だと認められる空間となった。……夏の夜の中庭には大勢の人が集まる。そうなったのは、センター内の配置が変わったからとかいい場所だからというだけではなく、そこに住まう人々や場所を活気づけるプロジェクトがあるからである。……カッシーナのような場合、情報や出会いを得られる空間へのニーズを理解し、人、情報手段、機関の不均衡なコミュニケーションについて働きかけることが必要である。ヴァーチャル端末からではなく、人間同士の触れ合いや関係性から得られる経験が必要とされているのである」〔Fondazione Cascina Roccafranca 2010, p. 77〕。

人々のニーズに耳を傾けることは、単純ではない問題に向き合うことを意味する。共通の規則内で、それぞれの自由をどのように保証すればいいのか？　例として、サラ・ボルサ図書館の掲示板に書き残されたポストイットを挙げよう。「本を読みながら居眠りをしても警備員が起こしに来ないのでこの図書館が好きです」。さて、このポストイットに対して、私たちはどうするべきだろうか？　図書館が浮浪者の仮眠所になったと憤慨すべきだろうか？　あるいは、都市生活でしばしば見過ごされる貧困を暴くメッセージだと感激すべきだろうか？　どちらの反応もなにも生み出さない。私たちがすべきなのは、これらのメッセージに耳を傾け、パリの公共情報図書館で行われているように、浮浪者にも人間としての次元を取り戻させることである。

もしそうできたら、次のようなポストイットが書き残されるだろう。「浮浪者の私にとってここは雨の日や寒い日は避難所になる。でもここが特別なのは、いい本を読んで知識を得られることだ。これは大事なことだ。ありがとう」。それからもう一つ、「サラ・ボルサは幸福の島。自分の家のように感じられるし、「スペシャルな」出会いもある」

近年かなり烈しく議論されていることがある。それは、浮浪者に限らず、ごく普通の学生や老人が、かつての「飯盒」のように、図書館に食べ物を持ち込むようになったためである。食べ物の持ち込みは他の利用者にとっては迷惑になり、職員にとってはとりわけ清掃の面で問題となってくる。どんな問題もかならず、職員と利用者の二党派から反対があるものなのだ。「館内にはカフェがあるのだから、物を食べて何が悪いの？」と何気なく言うかもしれない。しかし多くの人が考えるのは「なぜコーヒーとクロワッサンの2・20ユーロを払うことができないの？」である。しかもそう考える人は、増えつつある。同僚と議論して分かったことは、真に反対する理由はなく、単に清掃と躾の問題ということである。私の意見ではどちらの言い分ももっともらしいが、充分ではない。私たち図書館員は利用者と一緒に規則について考えなければならないし、問題を解決するには、家から食べ物を持ってくる人のために休憩室を設ければいいだけなのかもしれない。

ネジとボルト

この本は、図書館計画のマニュアル本ではなく、私の経験から生まれたいくつかの考察である。ここで、今日の図書館の機能をより良く理解するための段階を図式的に振り返ることにしよう。まずは自立的な空間作りについて、それからサービスが密集した場所について、5つの段階に分けることができる。

1　都市空間と近隣の空間。図書館の立地条件とアクセスの良さ。公共交通機関、駐車場、歩道、自転車道の有無。外観の分かりやすさ。

2　迎え入れる空間。つまり、エントランス、ホール、受付カウンター、トイレ、コインロッカー、カフェテリア、自動貸出機、返却場所。このようなサービスは必ずしも入口付近に設置されなくともよい。むしろ、分散されて設置されることの方が多くなってきている。カフェテリアはフィレンツェ・オブラーテ図書館やロンドン・ホワイトチャペルのアイデア・ストアのように、最上階にあってもよい。またはデルフトのDOK図書館のように、2階の多機能空間に組み込まれてもいい。重要なのは、外部と内部の変わり目を、空気の流れや扉の開閉のしやすさの観点から充分に研究すること。扉がスライド式であったならなおいいし、利用者も驚くだろう。受付カウンターで利用者の流れを阻止しないこと［Agnoli 2009, p.113–116］。利用者は、それぞれ異なる用事で図書館に同時にやってくるのであり、全員が職員の助けを必要としているわけではない。館内の特定の場所を手早く訊きたい人もいるし、利用者登録をしたりサービス概要を知りたい人もいる。必要なのは、簡単に館内配置を理解でき、動きやすく、人の流れを制御しやすい中央構造の空間である。同時に、コミュニケーションの空間であり、諸々のサービスを受けられ、窓口（チケット売り場、有料の市役所サービス、若者サポートカウンター、図書館友の会）が設置される空間も必要だろう。それだけでなく、もう一つの重要な機能、企画展や文化活動を行うこともできなければならない。どの図書館計画でも、この空間を設けるのが難しい。なぜなら建物内に、適した空間を見つけにくいからである。いずれにしても歴史的建造物によくあるように、空間の用途を厳密に定めたり細分化せずに、さまざまな機能を館全体に分配する。

3　本を読む、音楽を聴く、メディアを観る、リラックスするための空間と勉強したり特定の活動を行う空間。

4　集団活動（展示、講演、ワークショップ、講座、上映）を行うためだけの空間は想定しにくい。固定の椅子がある映画館や劇場として利用するための大きな部屋が必要でないなら、大部分の空間はさまざまに利用できるようにしなければならない。

5　業務に関連する空間（オフィス、会議室、書庫、アーカイブ、管理室）。

空間配置は新設の場合でない限り、あまり厳密な基準にしたがうことはできない。既設の場合では、建物の種別、構造、広さに大きく左右される。小さな部屋がたくさんあったり、部屋のなかにさらに部屋があったりする建物や、活用できる空間が必要な空間の3分の1しかない建物なら、求められるすべての空間を用意することはできない。フランスでは、省庁から補助金を得る基準として、4万人の市には最低1975㎡の図書館を計画しなければならない。イタリアでは、つねにこの広さを利用できるわけではない。

ではどうすればいいのだろうか？　まずは欠かすことのできないサービス、優先されるべきサービス、放棄できないサービスについて充分な研究を行い、蔵書数と座席数を見直し、空間の可変性と機能の同時性について取り組むことだろう。その際、居心地の良さ、採光と防音のクオリティ、社会的・文化的弱者層の興味を引きつけるための戦略を諦めてはいけない。そこで、いくつかの不可欠な点について確認していくことにしよう。

・選んだ建物は地域の性質にそぐうか、アイデンティティを打ち出せるか、そのアイデンティティは良い評判を得られるか？　人が集い、出会い、どんな人もアクセスできる場をつくり出そうとするなら、所在地、地域への参入、建物のイメージは鍵となる三大要素である。図書館は地域の活性剤となり、町を変えることができる。

・建物の外観と内装の親しみやすさは、すべての人に約束されているか？　ベビーカーに乗ってやってくる子ども、足腰の自由がきかない市民にとってどうか？

・異なる用途に応じた入口があるか？　それは市民、職員、業者から分かりやすいか？

・屋外に利用スペースがあるか？　それは建物全体の価値を高めるものか？

・館内の通路はだれにとっても分かりやすいように配備したか？

・館内では上質な心地良さが約束されているか？　さまざまなニーズに応えられているか？

・いくつかのサービスは独立して利用でき、利用者の少ない時間帯には最小限の職員で対応できるように、運営方法と監視体制について充分に検討したか？

・時間帯、人の生活リズム、年齢、利用形態に基づき、サービスの配置場所を検討したか？
・運営費、清掃（とくにガラス壁）のしやすさについて充分に検討したか？
・大人数（200〜250人）で利用する部屋が必要と想定される場合、町の他の施設に同程度の部屋がないか、年に何回そうした機会があるかを確認したか？
・読み聞かせや幼児向けイベントはどのスペースで行うか？　多くの場合、クッション付きのプラスチック製椅子があれば事足りる。
・展示用のスペース、パネル、壁はあるか？
・集団活動のための場所はあるか？　手作業をする場合、キッチンや洗濯場はあるか？　コンサート、映画上映会、読書会を開くための機材はあるか？　今日では、アトリエ、ラボラトリー、あらゆる種類の講座を開いてほしいというリクエストが多くある。
・VI（Visual Identity）システムについて考えたか？　これは図書館の名前に始まり、町への図書館PR戦略の柱となる。新しいサービスを市民に理解してもらうのに役に立つ。
・事務所はどこに配置するか？　何ヶ所に置くか？　デスクは何台必要か？

海外での5つの事例

私がほしい図書館とは、端的に言うなら2つの課題に挑戦できる図書館である。2つの課題とは、だれでもデジタルリソースにアクセスできるようにすることと、さまざまなニーズをもった市民を刺激することである。つまり、図書館は新たな情報、娯楽、新たな運営哲学、新たな市民参加が交差する「ハブ」のようであってほしいのである。オランダ、フランス、日本ではさまざまな試みがなされ、新しい道が切り開かれている。その例をいくつか見ていくことにしよう。

1　アルメレ——書店のような図書館

アルメレはオランダのフレヴォラント州の人口およそ20万の都市である。干拓事業により1970年代に誕生したこの土地に最初の家が建てられたのは1976年で、アムステルダムの家賃を払えない若い夫婦のための衛星都市として建設された。15、000の企業があり、エネルギッシュで革新的で、多くの公園に恵まれた都市である。社会サービスも充実しており、もちろん図書館のサービスもその例に漏れない。なかでも魅力的なのが2010年に開館したDe Nieuwe Bibliotheek（新図書館）である。自治体は10年前に未来志向型の新しいコンセプトをもった図書館に投資することを決定した。なぜなら、他の情報源が豊かになり、本への興味が次第に失われるなかで、将来的には図書館は「不要」になってしまうかもしれないからである。

人口統計や利用形態の調査に先んじて、図書館員はこれまでの図書館の利用者を研究し、年齢、性別、職業、教育レベルに基づき利用者の関心マップを再構成できると考えた。そこで彼らに着想を与えたのは、地域の書店である。これまでとは異なる図書の陳列法やコーナーの作り方を書店から学び、図書館は一見したところ似ても似つかないテーマや種類が混じり合うコーナーで構成されることになった。例えばSF小説に興味のある人は、しばしば新しい技術にも興味があることが分かったのである。この新しい空間作りは、アンケートや利用データの研究を基に継続的に見直されている。

オランダのメイヤー・エン・ファン・スホーテンにより設計されたこの図書館は、市庁舎広場に面した楔のような形をした斜面にある。建物全体にはいくつかの機能が収容されており、地上階の小売店、30戸のアパート、そして「戦略地区」と定義される2000㎡の図書館から成り立つ。建物の主要素となるのは図書館であり、広場から建物内に入り、階段により2階の図書館へと通じている。

室内デザインはConcreteスタジオが行った。室内総面積は庭を含めて11、000㎡だが、その空間は区切られることなく連続しており、400mの長い通路のようになっている。室内にはいくつかのテラスが設けられ、それぞれが異なる陳列ゾーンとして、カーブを描く背の低い棚が「店」の商品棚のように配置されている。セクションごとに利用者が想定されており、例えば「ハイテンション」と呼ばれるセクションは情報資源の熱狂者たちのための場所となっている。

この図書館では、従来の直線的な書架や図書の並べ方は放棄されている。つまり、書店からヒントを得て、5000㎡に及ぶ排架の大部分で表紙を見せるように並べているのである。同じ図書が複数冊ある場合は、書店のように積み重ねられ、場合によっては同一のジャンル、著者、テーマの図書と一緒に並べられている。書架は低く、視界を遮る壁はない。壁と絨毯の配色によりエリアが分けられ、館内を廻りやすくするために色付きの巨大パネルが置かれている。ＬＥＤライトの組み合わせは、フィリップス社の研究に基づき採用され、書架のなかにとけ込むように設置された座席や大きなベンチは、図書館の雰囲気を決定的に形式ばらないものにしている。学習席などの付加的な機能も書架のなかにとけ込んでいる。他の階（3階と5階）に行くには、テラスやエスカレーターを使う。図書館内にはオーディトリアム、インターネットエリア、数百種類の雑誌や新聞を読むことのできるニュースカフェ、大画面から最新ニュースが流れる円形バー、個別またはグループ別学習室、マルチメディアエリアもある。テレビゲームエリアは、この新しい図書館が最新スポットであると分かるように広場からよく見える場所に配置されている。結果的に、従来のステレオタイプからはかけ離れたどこにもない図書館となった。このアルメレの新図書館は、おそらく私が近年見た図書館のなかでもっとも革新的な図書館だろう。

2　デルフト——創造力がつまった図書館

デルフトには市内観光のために行った。デルフト焼きとフェルメール、それからメカノーによる奇妙な建築、デルフト工科大学中央図書館を見た。その後偶然、一つの図書館の前を通り過ぎた。それは２００７年に開館し、世界でもっとも近代的な図書館という人もいるＤＯＫ図書館コンセプトセンターだった。

この図書館はアアト・ヴォス Aat Vos により設計された。私は以前、ボローニャとロンドンのアイデア・ストアで彼と知り合う機会があったのだが、Aat Vosは創造力豊かで、革新的で、風変わりな人物だった。その彼と一緒に、リースベット・ファン・デル・ポール Lisbeth Van der Pol、前館長でメディア界出身のエッポ・ファン・ニスペン Eppo van Nispen、インダストリアルデザイン業界出身のグラフィックデザイナーがこの図書館に取り組んだ。創造的で空想力に溢れたこの若いチームは、従来の図書館のあらゆる図式を破壊する力を備えていた。その結果、この図書館は驚きに満ちた場所となった。ガラス張りのファサードには本の透かし模様が入っており、まるで巨大な本棚のように見える。建物はもともと赤煉瓦のスーパーマーケットで、それを全面的に改築した。採光がこの建物のデザインの鍵となっており、旧建物の天井から入る光が館全体に行き渡り、ガラス張りの巨大なファサードからの光と対話する設計になっている。

館内のコンクリート、アルミ、ガラスといった暗いトーンも、壁、床、設備品のアシッドグリーン、レモンイエロー、オレンジ（最も使われている色）、パープルなど、発色の強いカラフルな色が使われたことで気にならない。足を踏み入れるとすぐにデザイン家具、とくに一人用ソファが反則的に用いられていることが分かる。つまり、設備品と色使いが、広さ４３００㎡ものオープンスペースの環境を決定しているのである。そしてこの環境は、読む、聴く・観る（映画）、観る（芸術作品）という３つの機能から構成されている。

一階にはレモンイエローの受付（カウンターテーブルはすべてレモンイエロー）、自動貸出機、図書、音楽や映画を鑑賞する球体のような一人用ソファがある。このソファにはそれぞれパソコンが取り付けられている。床は白いが、学習ゾーンに行くと白黒のゼブラ模様のモケットが敷かれている。木製の大階段を上がると図書館の中心部に到着する。そこは小さな広場のようになっており、テーブルと白いパラソルの並んだカフェがある。カフェはエコロジーに敏感な若者により運営されており、とてもおいしいコーヒーを飲みながらさまざまな種類の新聞や雑誌を読むことができる。その奥には誰でも利用できる舞台、ピアノ、大きなスクリーン、白黒の一人用ソファがある。

この小さな広場の左手は音楽・映画ゾーンとなっている（CD、レコード、DVD、譜面など6万点以上の資料がある）。レモンイエローのカウンターテーブルはエメンタールチーズのような形をしている。それからWiiで遊ぶ2人の若者やソニーのソファに深く座り音楽を聴く人たちがいる。小さな広場の右手はティーンゾーンで、キャスター付きのグリーンの書架、テレビゲーム、WiiやXbox用のさまざまなミニテーブル、おはなし会用のスペースがある。オレンジのこのスペースは小さなアリーナのようになっていて、絵本の入った箱とアシッドグリーンのクッションに囲まれている。それらを使って本を読むための島を作ることもできる。

残りのスペースはオレンジで、子ども用の書架、マンガ用の奇妙なコンテナ、そこら中に散らばった玩具がある。奥の方では、小さな女の子がミニカーのペダルを漕ぎながら本を運んでいる。そこは水色を基調とした小さな子ども用の部屋で、ミステリアスなライトと空を想わせる水色のモケットが敷かれている。

それから手作業のワークショップや子ども向けイベントのためのアトリエスペース、貸出不可のアート作品が展示されたアートテークのゾーンがある。アートテークの特徴的なサービスは、企業に社内環境を良くするためにアート作品を貸出すことである。図書館員は作品選びだけではなく、展示の仕方もアドバイスする。

恋愛小説はモケットにいたるまで部屋全体が赤とピンクの小部屋に、小説は黒の書架にと分かれて排架されている。棚板は本の表紙を見せて置くことができるようにわずかに傾斜している。書架の横には作家の言葉やポートレートがプリントされた垂幕がある。

この図書館は、設備品の選び方や色の使い方だけではなく、すべてが独創的で、ダイナミックで、意外性に富んでいる。計画チームと新館長（彼は自分のオフィスにエレキギターとジュークボックスを置いている）は、サービスの規則を覆したと言っても過言ではない。「デルフトですべての世界を借りて下さい」というスローガンからは、ここでは未来の図書館に向けた新たな道のりが始まっていることが分かる。計画チームは建築家と何度もサービスについて話し合い、分析を行った。そしてこれまでとは全く異なる新しいサービスモデルを再構築したのである。

おそらくこの図書館は、蔵書より人を重視すると決めた最初の図書館の一つだろう。実際、蔵書を形成するのは利用者である。図書館は空間とサービスを提供する。そして、物語を語り（舞台で）、大階段や館内のいたるところで本を読み、子どもたちと物語を共有し（おはなし会のスペースで）、テレビゲームや童話で遊ぶ（子どものためのスペースには、魔女や妖精に変身するための衣装やカツラがたくさん入ったトランクとデフォルメして姿を映す鏡がある）のは市民なのである。

使いやすくて分かりやすい場所——この図書館計画の哲学は規則を最小限にし、好きな場所での飲食を可能にし、開館当初からテクノロジーが提供する最良のものを図書館でも利用できるようにした。どの図書館よりも先に、来館者と積極的に対話し、彼らを巻き込むことの重要性を理解し、ゲーム、おはなし会、マルチメディア、多様なサービス——例えば Tank U のような自分のスマートフォンにメディアをダウンロードできるサービス——を通じて利用者を図書館の主人公にしたのである。

この図書館の信念は、コミュニケーションに関わるプロジェクトを実現することだった。最初の経験の一つはDOKアゴラという百の「物語駅」を作るというものである。この小屋にはビデオカメラが設置されており、市民はそこでだれかと共有したい物語を語る。それらの物語は大スクリーンに映し出され、一種の Facebook のようになった。もう一つの例としては、デルフトの文化遺産のサイト作りである。市民が絵葉書、写真、8ミリビデオ、録音テープなどを提供し、それをすべてデジタル化し、マルチタッチのテーブルモニターで公開した。これは生きたアーカイブのようになった。2008年にはアメリカのとある建築研究所から世界最新の図書館に、2009年にはオランダの最良の図書館に選ばれている。

3　パリ——やる気溢れる若い職員がいる図書館

フランスではそこかしこで新しい図書館が建てられている。近年では、とくに読書率が低いパリ周辺のイル・ド・フランスで数多く建設されている。１９７７年（公共情報図書館の誕生）から今日まで、多くのメディアテークが開館しており、具体的には、１９８０年から２０１０年までで３０００館、総面積にすると２４００万㎡が充てられている。１９８０年の利用登録率は人口の５％だったが、２０１０年には30％となった（読書率は55％。イタリアは43％）。

経済危機下でもフランスでは図書館は建設され続けた。これは確固たる政治的意思と、国民調査（フランスではかなり真剣に行われている）により図書館はフランス人がもっとも足を運ぶ文化スポットであることが分かっているからである。フランスの市民の80％は自宅から徒歩10分圏内に図書館がある。補助金は交付され続け、予算削減も相対的に見れば控えめであり、政府は多年度計画を打ち出し続けている。ＢＭＶＲ（地域拠点図書館）、地方の公立図書館、「ルーシュ」と呼ばれる小さなメディアテークのような図書館は、とくにそれらが地方にある場合、たいてい中央図書館のネットワークに組み込まれており、移動図書館により役割を補っている。

新図書館の開発や図書館改築のためのＤＧＤ（地方分権化一般交付金）の制度も忘れてはならない。国からの交付金は建設費、設備費、情報システム費に充当でき、それ以外にも州や県からの補助金がある。一般的に市は、投資の60―80％をこうした資金から賄うことができる。もちろん面積や職員の数にも最低限の基準が定められている。１９８０年から今日にいたるまで、さまざまな戦略が実行され、１９７５―２０００年では蔵書に、その後は利用者に、そして近年ではサービスに投資している。もちろんこれらのさまざまな戦略により、建物、空間、クオリティ、快適さ、広さについて重要な考察がなされるようになった。

近年ではフランスでも図書館はより社会的であるべきだと考えられるようになってきている。そのため図書館計画では、文化活動や出会いの場のためのスペースを増やし、書庫などの資料保存のためのスペースを減らす傾向にある。おはなし会、グループワークスペース、学習スペース、演劇スペースは個別に設けられているが、それ以外のスペースは書架や設備品の配置を適宜変えることで空間を再構成している。また、書架は低く、表紙を見せて並べるように指示されている（この原則はイタリアではあまりに忘れられている）。これまでとは違った本の読まれ方（座席数の増加、貸出数の減少）と自動貸出機により、カウンターでの業務は軽減され、そのためカウンターの形や大きさ、配置は必然的に変化しつつある。次に示すのは、最近私が訪れたパリの２つの図書館の例である。

マルグリッド・ユルスナール・メディアテークは２００８年に15区（人口は２２０万人、市内20区のうち一番多く、面積も最大）に開館した。７階建てで、面積３５００㎡のうち２９５０㎡が一般に開かれている。建設費は１４５０万ユーロで、パリ市で二番目に大きな図書館である。広々とした建物はカラフルで、採光もよく、設備品もとても洒落ている。ガラスの「ダブルスキン」ファサードは室内の光や温度を快適に調整し、裏手にある緑豊かな公園は空間に広がりをもたせている。４００㎡の各フロアは完全なオープンスペースだが、文化活動には専用スペースが設けられている。最初はこの空間は書庫として利用する予定だったが、後から中央書庫があるパリでは不要と考え直

		マルグリット・ユルスナール図書館	ルイーズ・ミシェル図書館
利用登録者数	2010年	4,353	
	2011年	4,907	3,575
	2012年	4,810	5,820
貸出数	2010年	756,117	
	2011年	906,432	163,609
	2012年	1,022,272	222,269
自動貸出機利用数	2010年	635,418	
	2011年	634,943	134,692
	2012年	798,153	176,090

された。この図書館計画では、物理的にも建築的にも、そしてとくに業務組織についてオープンな場所であることが想定された。

このメディアテークは13万点の資料を提供する予定で、そのうち２００点は７ヶ国語での雑誌、新聞、季刊誌、図書である。さらに60ヶ国の言語の学習資料も提供する。この計画で重視されたのは、教育や自己学習、エコロジーに関する蔵書、持続可能な発展である。開館時間は、火木金曜日が13時―19時、水曜日が10時―19時、土曜日が10時―18時、日曜日が11時―18時となっている。15区には他に３つの図書館（ボーグルネル、グーテンベルク、ヴォジラール）があり、活気があり、ダイナミックで、書店も多く、近隣にはジョルジュ・ブラッサンス公園もある。

２００３年、パリ市は新たな図書館建設と新たなサービスへの投資を決めた。なぜならこの区の平均貸出数は区民1人につき1点だったからである。他の区では1・5点、国内では2・5点である。さらに、登録率はパリ市16・5%、国内17・5%のところ、11・5%だった。そこで2003年に建物のコンペが発表され、その6ヶ月後に1名の女性図書館員が計画担当者に任命された。

館内の美しい階段には小さな踊り場があり、床は目の見えない人にも案内が伝わる作りになっている。このメディアテークはすぐさま大成功を収め、開館からわずか2年後の2010年にはパリ市でもっとも利用者数が多い図書館となり、貸出数はパリ市内の58の図書館で貸出可能な1300万点に対し、83万点となった。

私がそこを訪れたのは日曜の午後だったが、まるでオープンしたてのApple Storeのように人で溢れていた。ただ、計画の全行程に参加する図書館員が少なかったことは、いくつかの結果をもたらした。まず、入口の回転ドアの数が足りないために、入ってすぐの正面広場の温度調節に問題がある。館内サインは柔軟性に乏しく、1階と2階の騒音が激しい。庭はセキュリティの都合上立ち入ることができない（入口に資料の持ち出しを管理するセンサーがない）。半地下階の音楽コーナーだった場所を小説コーナーにしたため、音楽資料がキッズスペースの近くに配置されることになり、注意が必要な状況を生み出している。しかし、利用者はとくに気に留めていない。というのも、各コーナーに職員がおり、返却用のブックカートは10分ごとに整理されているからである。職員は45名で、日曜日だけ15名の学生がカウンターや各階のさまざまな場所で補助的な業務にあたっている。また日曜日には、1階のカウンター付近に情報サポートのためのミニカウンターも出現する。年間の資料利用率は非常に高い。

日曜日の各配置のシフトは１時間ごとに変わり、１階で案内をしてくれた職員に、２階の音楽コーナーとキッズコーナー、３階の一般コーナーでふたたび会うことになった。館長は１週間に８―９時間、すべての配置場所に立ち、利用者へサービスを行う。図書館員のそれぞれに専門分野があっても、全員がすべての配置場所に立ち、月一度は１００ユーロの手当てで日曜出勤をする。ここの図書館員もみんな若く、やる気に溢れている。給料は試用期間と考えられる初年度が１６００ユーロ、その後、役職を基準に経験年数に応じて昇給する。１６００ユーロは高収入のように思われるかもしれないが、パリの家賃は高く、私に案内をしてくれた図書館員は15区の家賃は払えないから下町の20区に住んでいると言っていた。勤務時間は９時半―19時半まで、木曜日だけが18時45分で終業となる。土曜日は午前か午後を選ぶことができ、月１回は日曜日の出勤がある。

次の例は、ルイーズ・ミシェル図書館である。この図書館もまた女性に捧げられた図書館である。ルイーズ・ミシェルは、パリ・コミューンで活躍した無政府主義者で、のちにその政治活動や教育活動のためにニューカレドニアに追放された。

この図書館は２０１１年３月に、さまざまな人種が住む下町の20区（人口２万５千人）の中心に開館した。近所の図書館として機能しており、主軸にあるのは異文化の仲介役、地元の役者とのパートナーシップ、社会、文化、世代の「混合」である。地域の個性を活かし、人々のネットワークを強固にし、参加型の文化サービスを提供し、社会面、文化面、デジタル面での格差をなくすことが目指されている。

自宅の広い居間のようにと設計されたこの図書館の総面積は710㎡で、そのうち450㎡が一般利用スペースである。蔵書数は3万1000点（小説が80％、評論・エッセイが20％）、2階建てで、1階は仕切りのない広い空間、2階には学習室、職員用キッチン、ゲームルーム、事務室がある。学習室は必要に応じてイベントを行う空間にもなる。庭には、暑くなると子ども用に本とブールが設置される。キッズスペースが手狭であるのと利用者が多いため、屋外のスペースも有効に利用している。この図書館の建設期間は2年弱で、費用は160万ユーロである。

屋外には返却ポスト、駐輪場、ベビーカー置場、室内には哺乳瓶ウォーマー、幼児用の着替え所がある。非常に多くの人々がこの広い空間を利用しているが、それを迎えるのは12名の図書館員と1名の気さくなメディエーター（間に立つ人）である。開館時間は週35時間、火木金曜日が13時―19時、水曜日が10時―19時、土曜日が10時―18時である。パリの下町ではたくさんの子どもがひとりで図書館に来る。そのため図書館は、シネクラブ、ボードゲーム、テレビゲームなどを通じて、親と子どもが一緒に過ごせるようなイベントを数多く開催している。その目的は家族を図書館に巻き込むことにある。

1階は完全なオープンスペースで、大人のためのサービスと子どものためのサービスを分ける物理的仕切りはない。したがって、広い居間で家族が過ごしているような、住みたくなる空間作りがなされている。メインカラーは赤で、木製の床、座り心地のよいソファ、背の低いテーブルや書架、キャスター付きの移動式書架も多く、柔軟性のある空間作りをさらに可能にさせている。入口のミニカウンターには自由に飲むことのできるミントティーやコーヒーがある。この図書館を設計した建築家は、パリの書店やカフェから着想を得た。図書館への入りやすさと居心地のよさがなにより重視されており、計画チームはこの点について取り組んだ。入口のカウンターは最小限の大きさで、それとは気づかない程である。4台の自動貸出機は貸出返却業務を軽減し、図書館員は利用者にまぎれて一緒におしゃべりをしたり、遊んだり、本を読んだり、音楽を聴いたりしている。

ヘレンは、個性を尊重した居心地のよさを保証するには、お互い無記名でいるのではなく、利用者を知り、利用者からも知ってもらうことが必要だと説明する。こうしたことは、どのようなサービスを提供するか、何人の職員を配置するか、どのような共通の規則を設けるかを考えるのに役立つ。提供する資料は最新のものを中心に集められ、百科事典や保存目的の資料はない。資料の数は空間の広さにしたがい制限され、大人用と子ども用とに同じように振り分けられている。蔵書収集の方針を公式化するために、すべての資料は継続的に点検される。学校の宿題のサポートをし、マルチメディアの利用について個別講習を開き、さまざまな利用者が知り合う機会としてボードゲームやテレビゲームのトーナメント戦を催している。この図書館の特色としては、あらゆる種類のゲームを取り揃えていることが挙げられる。

このような図書館づくりは、利用者との個人的なつながりを育むこと、量ではなく質を優先させることから考えられたとヘレンは言う。新しい組織図と職員構成は、利用者の居心地のよさ、連携団体との協働や斡旋、資料収集、文化サービスという4つの枠組みから成り立っている。しかしどの職員もすべての業務にあたり、少なくとも勤務時間の60％を利用者が居心地よく図書館で過ごせるように使っている。そのため、毎週火曜日には全体ミーティングが行われている。

お分かりの通り、私はこの図書館にとても惹き付けられた。図書館員は利用者を名前で呼び、まるで昔からの友達のように彼らとおしゃべりをする。チェスに興じる2人の老人の近くで、2人の少年もまたチェスをしている。その隣りでは2人の女の子がミカドゲームをしている（一昔前のゲームだと思っていたのに！）その間、2階のゲーム室では家族対抗テレビゲーム大会が開かれている。チャードルを着てコントローラーを握るお母さんたちは息子よりもゲームに夢中になっていた。

ヘレンは着実な職歴の持ち主で20代後半であるが、この図書館計画への熱心さから責任者に選ばれた。この職への募集では、図書館員としての専門的な能力はいっさい問われていない。問われたのは、利用者とともに働く強い意志である。しかしながらヘレンは「利用者たちがくつろげる図書館にすることができたのは、優れた職員に恵まれたこともありますが、私たちが図書館のプロでもあるからです」と言う。その他の同世代の11名の図書館員も、彼女と同様、やる気に溢れていた。

4　明治大学図書館和泉図書館——地域に開かれた大学図書館

私の著書『知の広場』が日本で翻訳出版されたことがきっかけとなり、2013年に私は講演会のツアーを行うために日本を訪れた。最初の興味深い発見は明治大学の図書館だった。この大学には9つの学部があり、法学部と経営学部が有名である。新しい和泉図書館は人文・社会科学に重点が置かれており、33万5240冊の蔵書と2200タイトルの雑誌を収蔵している。2012年5月に開館したこの大学図書館は、1年後にはすでに100万人の利用者を数えている。設計にあたってのコンセプトは「招き入れる図書館」である。その証拠に、入るとすぐに広くて人がたくさんいるカフェとギャラリーがある。

まず図書館に入ると、まるで大きな公共図書館にいるような印象を持った。明るい空間のなか館内からはすべてのフロアが見渡たせ、何が起きているのかが分かる。実際、この大学図書館は区民にも開かれており、貸出も可能である。

外観も興味深いが、それ以上に興味深いのは設計である。建築家と職員のあいだで綿密で日常的な話し合いがなされ、職員全員が少なくとも計画グループの一つには参加していることが分かる。盗難のセキュリティ問題を乗り越え、すべての場所が開かれており、アクセス可能である。荷物検査なしで入口を入ると、ガラス張りの事務室を背にした貸出カウンターと個別のレファレンスカウンターがある。レファレンスカウンターには必要なときだけ職員がいる。各フロアにあるカウンターも、つねに職員が待機しているわけではない。1階の床は木製で、書架は白い。カラフルなゾーンとなっており、閲覧のための座席はさまざまである。一つの壁には図書館に関する「ツイート」が張り出されている（どのツイートも、空間の使いやすさや4階からなる図書館が提供する多彩な可能性にとても満足している）。

1階にはセルフサービス式のパソコン貸出ロッカーがあり、背の低い書架には小説、評論、マンガが並ぶ。利用者の「人生を変えた一冊」の展示コーナーはすばらしく、新聞雑誌も充実しており、いくつかのものは大画面でも閲覧できる。ガラスの壁で閉じられた情報リテラシー室では時間帯によりさまざまなイベントが行われる。そのタイムテーブルは入口付近の画面で確認できる。2階はモケットが敷かれた箇所もあるが、床は1階と同様に木製で、書架は明るいトーンになる。グループ閲覧室や共同閲覧室は明るく、丸テーブルやカラフルなソファもある。このゾーンはとても明るく、トランプで遊ぶ人、勉強する人、おしゃべりをする人など、どの学生もとても若々しかった。おそらく学部生なのだろう。携帯電話ボックス、音の出る計算機を使えるガラス張りの部屋、その他さまざまな大きさの予約制の部屋がある。

2階から4階までは中心部に透明なガラスのキューブがあり、そこには本のタワーがある。コンパクトな書架に並べられた本は、利用者が直接手に取ることができる。このタワーには、閲覧されることが少ない研究書や論文などが排架されている。一般的に、1、2年生は書庫に行く機会が少ない。2階から4階まではさまざまな大きさの一人掛けソファが数多く置かれており、居眠りをするにもちょうどいい。3階に行くと何かが違うのだが、それが何なのかはすぐには分からなかった。床はすべてモケットになり、床も書架もトーンがやや暗くなり、照明は閲覧席に集中している。図書館員の説明によると、4階に行けばさらにこのような効果が際立ち、フロア毎に異なる使い方を喚起させるように設計されているということだった。静寂のなか、勉強する人、本を読む人、眠る人がいる。机はグループではなく個人で利用するために考えられ、掲示物も一切ない。つまり、各フロアの利用法は、設備品、色、光により調整されているのである。実際、ロダンの「考える人」のポスターや、「静寂は真の風景なり」といったフレーズが壁に貼られていても場違いではない雰囲気だった。4階のモケットはさらに暗いトーンになり、書架はさらに存在感がなくなり、閲覧席はガラス窓に向かって配置され、中心部にはテラスがある。図書館員の説明によると、フロアと本のタワーの色調は森から着想されているとのことだった（フロアの奥に行けば行くほど静けさは増し、照明の明るさも変わり、知の枝葉は密になっていく）。この図書館には、世界中の図書館員から年間300件の見学希望が寄せられている。

5　武雄市図書館──図書館と書店の共存は可能か？

日本の図書館員のあいだで目下激しい論争を呼んでいる話題はTSUTAYAの図書館である。このTSUTAYAとは「文化のインフラストラクチャー」と自らを定義する企業である。第一号店は1983年に枚方（大阪）に、主に若者をターゲットとしてオープンした。コンセプトは音楽、映画、本を通してライフスタイルを選べる場所を提供することで、本屋でもCDショップでもDVDショップでもない。TSUTAYAは新しいコンセプトの場所、むしろ「サードプレイス」［Agnoli 2009, p. 77］を創り出そうとしたのである。この発想は成功し、今日では1470店舗（直営店は100店舗、それ以外はフランチャイズ）あり、20年以上の間で日本の人口の半分以上が利用している。

2003年からTSUTAYAはスターバックスと契約を交わし、店内にカフェを併設するようになった。TSUTAYAはブランドイメージを、とくにテクノロジーの移り変わりに合わせて変化させ続けている。他の書店が経営難に陥るなか、TSUTAYA書店の売上げは右肩上がりである。このようなプロジェクトを可能にし、つねに変化し続けることができたのは、人々の文化消費の仕方と経済活動を注意深く研究したからだろう。例えば、彼らの注目するターゲットは55歳から85歳、つまり経済的余裕のある年齢層である。この年齢層にとってTSUTAYAが「クール」なら、他の人々にとってもそうなるだろうというのがTSUTAYAの考え方である。

その成功は、2011年に代官山T－SITEにオープンした3棟からなる5600㎡のメガストア、蔦屋書店に見られる。代官山は東京でもっともシックで地価の高い地区のひとつである。内部はすばらしく、サロン、スターバックス、レストランカフェ、3000種類の万年筆を揃えるコーナー（すべて試し書き可）、歴史的な雑誌や書籍が並べられたラウンジなど、じつにさまざまなコーナーがあり選択肢は間違いなく豊富である（書籍14万、DVD8万、CD10万）。どのコーナーも基本的には変わらないイタリアの書店とは異なり、ここではテーマ毎に照明、インテリア、書棚、陳列法が変わる。

音楽と映画のコーナーは本当に魅力的である。それぞれのコーナーには「コンシェルジュ」（本当にこう呼ばれている！）がおり、普通の店員ではなくこのコンシェルジュが、売上げからみてもっとも良い書籍の陳列の仕方を考え、コーナー作りを行う。営業時間は午前7時―深夜2時までである。

ここで登場するのが武雄市の市長である。武雄市は日本の南部・佐賀県にある人口5万人の市である。市長はＴＳＵＴＡＹＡのこのプロジェクトを聞き、惚れ込み、市有地の再整備を行うにあたり図書館‐書店を作るためにＴＳＵＴＡＹＡに提案した。図書館の運営はＴＳＵＴＡＹＡに全面的に委ねられている（この点を図書館員たちは正当にも懸念している）。図書館事業に情熱をそそぐ市長がこの手段に出たのは、夜間や日曜日に働きたがらない職員たちとの間につねに問題を抱えていたからである。このプロジェクトは、反対する市議会の同意を得ることなく記者発表され、既成事実を市民の前に突きつけることとなった。基本方針は「市民生活をより豊かなものに」であり、この図書館の特徴としては次の点が挙げられる。

1　蔵書を刷新し、排架するのは7万冊だけに限り、それ以外は書庫に収める。
2　新聞や雑誌を買うこともできる図書館。
3　手入れの行き届いた場所、本やＤＶＤやＣＤが豊富にある場所。
4　ポイントカードの導入。このカードはＴＳＵＴＡＹＡから提供される。
5　開館時間の拡大。365日9時から19時まで開館する。
6　カフェの併設。もちろんこのカフェとはスターバックスのことである。

改修工事期間は4ヶ月で、開館から半年間で貸出数は前年比25%の上昇をした。一日の来館者数の平均は3300人で、半数は市外からの利用である。これまでの図書館員は、同じ給料でTSUTAYAから雇われているが、その業務はこれまでと大きく異なる。図書館で働くことを希望しない職員は、市の他の課に行くことになる。

武雄市の図書館はこれまで年間の運営費が1億2000万円（およそ85万ユーロ）掛かっていた。現在では武雄市がTSUTAYAに指定管理費として1億1000万円支払っている。もし武雄市が新しい開館時間で運営するとなると、経費は2億2000万円以上掛かることになる。いったいTSUTAYAはなにで収益を得ているのだろうか？　TSUTAYAは書店として機能し、市から指定管理費を受け取り、市には低料金の家賃を払い、図書館で働く16名の職員（以前は20名）の人件費を払っている（図書館で働く人は全部で50名）。このプロジェクトに着手する前に行われた市民アンケートから明らかになったのは、市民はカフェやショップがあり、雑誌の豊富な図書館を望んでいるということだった。日本で行われた図書館に関するアンケートでかならず要望されるのは、カフェの併設だった。おそらく日本には人が集まることができる、形式ばらない友好的な場所が必要とされているのだろう。

もちろん、図書館員と多くの市民が心配するのは、民間企業が公共サービスを運営するという点である。それによって将来的には、公共サービスを過度に商業的な論理に引き寄せ、最終的には図書館を滅茶苦茶にしてしまうのではないかと心配しているのである。選書は図書館員が行っているというが、それはどの程度の冊数だろうか？ もし図書館利用者がコーヒーを買うことなくスターバックスの座席を利用したとしたら何が起こるだろうか？ どの懸念材料も、もっともである。

武雄市の成功を聞きつけた日本の何人かの市長は、自分の市の図書館にTSUTAYAの「解決案」を採用することを検討している。すでに海老名市、多賀城市などいくつかの市でTSUTAYAによる図書館運営が進行中である。

日本でのツアーの最後に、私はTSUTAYAの責任者に話を聞くことができた。彼はTSUTAYAの書店運営と、この書店－図書館－スターバックスという新たな冒険について、画像、図表、統計、戦略プランのつまったパワーポイントで説明してくれた。私は疑問やあやふやな点、不安に思うことについて質問した。彼はそうしたことは、このプロジェクトの開始当初から、日本人に限らず多くの人から問題提起されたと言う。もし行政がこの投資は失敗だったと判断したらどうしますか？ と私が尋ねると、それは事業の危機ですねと答えた。私たちは近い将来、この新しい「サードプレイス」の見学ツアーを行うことを約束した。

世界の傾向

世界で起きていることに照らし合わせ、新しい空間について考える建築家、図書館員、行政は、以下に挙げる基本的な傾向を知っておかなければならない。

・適切な建物を構想する、あるいは選択する。新築あるいは改築するとき、新しい図書館は毎週開かれるマーケットのように町の中心的な役割を果たし、活発な交流とエネルギーが溢れる場所にならなければならない。個性のない建物も空想力と想像力を駆使すれば、図書館だと分かる建物になる。イタリアで新築されることはほとんどないし、もちろん16世紀の館を図書館だと分かる建物に変えるのは容易ではない。図書館のために最適な建物を選ぶには、建築家だけではなく都市計画家も助けとなるだろうし、明確な基準をもとに選ぶことが必要である［Agnoli 2011, p. 97］。

・マルチユーズな図書館。図書館は、情報、文化遺産、利用者、活動（とくに集団活動）の性質に応じ、多種多様に機能する場所である。

・アクセスできる図書館。メディアの種類や配置場所にかかわらず、すべての可能なリソースを利用できるようにする。

・できるだけ長い開館時間。職員の有無にかかわらず、運営費を抑えられるように空間をデザインする。つまり、図書館を部分的に開館することも想定しておく。活動、時間帯、曜日によって職員は交替する。

・フレキシブルな図書館。時代の変化に対応できるように、空間や内装を柔軟に変えられるようにする。内装の有効期限は数年程だろう。１４５４年に建てられた記念碑的なマラテスティアーナ図書館なら、10年後も今と変わることはない。しかし2013年に始まった新しいサービスは、現段階ですでに変わり始めている。

・すべてにアクセスできる図書館を保証する。障害者にとって使いやすい図書館であるだけでなく、普通ならアクセスできない蔵書、サービス、空間を利用できるようにする。入口、スロープ、エレベーターには規定があるが、書架と机のあいだのスペースが適切であることも、書架の高さが考慮されることもほとんどない。初めは正しい高さの書架であっても、蔵書が収まらないと気を揉みはじめる図書館員がかならず出てくる。アクセスの良さとは、規定を尊重することではなく、さまざまな困難（身体、聴覚、時間など）にかかわらず、あらゆる活動を行う権利として考えられるべきである。障害者にとって利用しやすいように考えると、すべての利用者にとって利用しやすくなることを覚えておこう。

結論

20年、30年先でも図書館は存続し、タブレットに取って代わられることはない。世界中で新しい図書館を建設しているのはもはや周知の事実である。そうした図書館は、「知の広場」という性質をもつ。知識社会では、議論し、参加し、協働し、ともに楽しむ空間の必要性は増している。図書館は絶えず新しく生まれ変わり、今後ますます経済活動への比重を増していく情報、音楽、映画、文学への興味を刺激するように働きかけなければならない。

私たちが生きる移ろいやすく不安な時代のなかでは、プロジェクトは融通が利くものでなければならない。つまり、枠組みや着想を与える発想でなければならないし、未来に必要となる新しい役割に対応できる最大の機関にならなければならない。複雑さを増す現実社会で図書館を計画するには、技術者というより市民と創造力豊かな専門家を巻き込むことが必要となる。私たちは、さまざまな利用者や時間帯にあった多彩な環境をつくりださなければならないのである。

それだけではない。未来の図書館は協働を可能にする文化振興の一部とならなければならないし、学校、劇場、博物館との連携も不可欠である。もしそれができないなら、図書館は不用である。これにはとても野心的な計画が必要だが、それだけが未来につながる道である。日常のルーティンに甘んじる人は、次の「見直し」の餌食となるだろう。

これまで見てきたように、世界の新しい図書館で優勢な傾向やそれらの特徴、また図書館の活動方法や新しい図書館をつくるためのプロセスにはたくさんの学ぶべき点がある。イタリアには問題が山ほどある。図書館は文化のエコシステムの基本要素であり、このエコシステムは、ここ四半世紀にわたる政府の無責任な決定のために消滅寸前であることを理解しなければならない。もう一度、研究、教育、文化に投資し、図書館に関する国家政策を講じなければならないのである。

過去に「メディアテーク2000」という計画が始められたが、これはほとんど何の成果も生み出さなかった。今、私たちに残された近道はない。私たちに必要なのは、フランスのジャック・ラング文化相が1981年から行ったような、基準（図書館数と面積）を定め、地方自治体に予算を与え、職員や運営の規則を定める国家的な文化政策である。

職員に関してはとくに声を大にして述べたい。私たちは、元警察署長をどこに配属すべきか分からないので図書館長になってもらう、といったことをもう許してはおけない。さらに、何年も勉強をした優秀な若者に雇用の門戸を開かないことや、雇ったとしても、キャリアを積むのに妥当な正規の給料ではなく、食べて行くにも一苦労なわずかなアルバイト料しか支払われないことは、もっと許しておけない。図書館にはやる気があり、情熱があり、新しいことに取り組み、利用者とコミュニケーションを図る若者が必要なのだ。私たちがしなければならないことは、まずそうした若者を図書館に連れてくることである。適切な職員がいないなら、新築の図書館、改築された図書館は何の役にも立たない。

これは難しいことだろうか？　はい。では不可能なことだろうか？　いいえ。イタリアは今、どん底にいる。だが再始動するエネルギーはある。ならば埋葬室から飛び出し、市民と話そうではないか。今は「意志をもった楽観主義」で臨まなければならないときなのだから。

第Ⅲ部　子どものための図書館（0歳から13歳）

「子ども」が存在しなかった頃

産業革命以前のヨーロッパでは、乳児死亡率が非常に高かった。なぜなら家族は、今日では当然の必要と考えられている子どもへの愛情を自分に注いでいたからである。生まれてから数年後に洗礼が行われることもあった。これはいつ何時この世から消えてしまうかもしれない生命を、あまり大切には扱っていなかったためだろう。フィリップ・アリエスが書くように、「幼児についての私たちの概念は、人口革命以前のそれとはかけ離れている」のである［Aries 1973, p. 61］。子どもは単なる小さな大人で、用具を持てるようになったり、有用な仕事ができるようになったら、すぐに働かなければならないこともしばしばだった。

今日では義務教育があり、子ども服店があり、子ども番組があり、もちろん、子どものための図書館もある。生活の場、行動様式、消費活動において、このように大人と子どもを区別するようになったのは19世紀以降のことである。それまでは子どもと大人を分けることはせず、子どもに自室を与えるといったことは、部屋が余分にある場合を除いては考えられなかった。フランス革命以前では、学校に通う子どもはきわめて限られており、大半の子どもは年少の頃から働き、子どもの性的遊びもさほど禁止されてはいなかった。寿命が40歳に満たない時代では早熟な結婚も珍しくなく、キリスト教会は女子は12歳、男子は14歳としていたが、それ以下でも出産可能であれば婚姻に異議を唱えなかった。

16、17世紀には12歳の水夫、14歳の隊長、16歳の法学士や神学士がいた。ロレンツォ・メディチは14歳ですでに外交手腕を奮い［Gardner, 1995, p. 36］、マルゲリータ・ディ・ヴァロワは幼い頃からラテン語、スペイン語、イタリア語を話し、彼女の同年代は10歳でホメロスの全作品を知っていたと言われている［Huerre 1997, p. 113］。その一方、人口の大部分は学校に行っていなかった。

こうした状況は、フランス革命と産業革命により激変する。１８１０年のフランスの刑法では16歳以下の扱いを区別しはじめ、義務教育機関が誕生する。そして１８３３年のギゾー法では、各市町村に小学校、人口６０００人以上の都市に中学校、県庁所在地に師範学校の設立が認められた。イギリスやドイツでは小学校や職業専門学校が開校されるにいたったが、これは産業化により子どもの雇用が大幅に増え、読み書きも必要とされるようになったためである。１８４１年には雇い入れの最低年齢は8歳だったが、１８５１年には12歳になった。イタリアでは１８５６年のカザーティ法により義務教育が導入され、アメリカ西部の市町村では保安官と教師を同時に採用している。19世紀には初めて幼児死亡率と出生率が下降する。それまで女性は８人、10人と子どもを産んでいたが（多くが一歳未満で死亡）、19世紀になるとその数は4、5人、時には2、3人になる。つまり、人口革命により「子ども」という概念が必要とされるようになったのである。

さらに、19世紀はブルジョワの世紀でもあり、労働、プライベート、性行動の管理というブルジョワ的価値観も生まれた。労働は就学や遊びとはっきり区別され、とくに遊びは子どものものとなり、子どもは物理的に大人から分離されるようになった。性行動は法制化され、年長者にだけ認められた。

このような「子ども」というカテゴリーを生んだ文化的変化は多くの作家に影響を与え、それまでにはなかった孤児や叛乱する子どもを主人公とする文学作品が書かれた。ディケンズの『デイヴィッド・コパフィールド』（1849）やユゴーの『レ・ミゼラブル』（1862）のコゼットはその代表的な例だろう。悧巧で、ときに勇敢な少年ガヴローシュもまた、ユゴーの息子である。アメリカではマーク・トウェインがトム・ソーヤーを生み出している（1876）。彼らは子ども－大人、つまりすでに成長した子どもであり、幼児の世界は部分的にのみ描かれている。一方、スティーヴンソンの『宝島』（1883）の主人公ジム・ホーキンズは本当の子どもだが、大人になりたい子どもである。『宝島』は通過儀礼の物語であり、それを乗り越えたジムは大人の世界へと足を踏み入れる。大人の言うことをきかない『ピーターパン』（1906）が登場するには、ジェームス・マシュー・バリーと20世紀の幕開けまで待たねばならない。つまり、子どもは20世紀に誕生したのであり、伝記や電話や飛行機と同じように近代の「産物」なのである。

子どものための図書館が誕生したのは、子どもに特別なサービスを提供する必要があると認められたからである。それはまずアメリカやイギリスで起こった。

今日、子どものための図書館の重要性を疑う者はいない。私たちの時代は、挑戦、変革、好機が必要とされる。だからこそ、すべての子どもに読書や学習の可能性をもたせるようにするのが私たちの責務である。

年齢、人種、宗教、性別、文化的出自、言語、社会的立場に関係なく、すべての子どもに等しい権利を保障し、図書館が提供する情報、資料、活動に無料でアクセスできるようにしなければならない。そのために図書館は不可欠な公的サービスとして共同体に存在し、存続している。あらゆる公的機関は、何としてもこのサービスを死守しなければならないのである。

今日の子どものための図書館

子どもは喜んで図書館を使う。家に帰りたくないと泣き叫ぶ子どもも時々いる。もちろん彼らは図書館で出合うもの――本、一緒に遊んだり色々なことを教えてくれる大人、自由に動きまわり、好きなものを選ぶことができる場――が大好きである。子どもは親が図書館で気持ちよく過ごし、忙しい生活のなかでほっと一息ついていると分かれば、地域文化だけでなく他の文化、つまり子どもの文化とそばにいる親の文化にも興味をもち、基本的なネットワークや関係性を育むようになる。国の民主的成長には社会的結束が不可欠であり、図書館はまさにそうした結束を生むための本質的な場所なのである。

多くの親は図書館を出会いの場、親同士の連帯と相互扶助の場として活用し、子どもの育て方や保育所、子どもの心理、子どもに必要な文化について情報交換をする。そのため妊娠中から図書館を利用する親も多くいる。

幼児や外国人の親にとって図書館は、文化面だけでなく言語能力の発達にも有益である。子どもは公共の場で育つ。他の子どもと関係性を築くことは、子どもの社会的成長に大きく影響する。また、外国人の親は語学力を向上させるのに必要な資料を見つけ、会話や読書の喜びを知り、余所の土地でも市民としての資格を享受できるようになる。

図書館には子どものそれぞれの発達レベルに適した読書資料がある。しかし図書館では学校の形式的な学習を超越するようなサービスを提供しなければならない。図書館はなによりも自由な場所である。物語を自分で読むことも、誰かに読んでもらうこともできる。と同時に、遊んだり、転げ回ったり、魔女に変身したり、鷲に乗って空を飛ぶことを想像できる場所（デンマーク・オーフスの新しいメディアスペース〈Dokk1〉のように）でなければならない。図書館で行われる活動は子どもに静寂を教え、共感や自己省察をもたらす。図書館は一日中過ごすことのできる場所として提案されなければならない。キッズスペースはシーソーや滑り台で遊んだり、プレイステーションやタブレットや卓上ゲームもできる場所なのである。

このような図書館になるためには、もちろんさまざまな資料を取り揃えなければならないが、とくに必要なのは、新しいテクノロジーとそれが提供する製品（アプリケーション、テレビゲーム、ソーシャルネットワーク、電子書籍など）に囲まれて育った世代の要求に応えられる図書館員である。

子どもは好奇心旺盛で、小さな昆虫から、顕微鏡、銀河系、恐竜まで、どんなことにも興味をもつ。図書館はあらゆることの情報源である。したがって図書の脇には顕微鏡や望遠鏡、新技術を駆使して作った年表などを置かなければならない。図書館は、あらゆる知識にアクセスできる大きな遊園地であり、私たちが自然史博物館、科学技術館、美術館などで得る魅力や発見、実験を提供する場所なのである。

こうした体験の機会は、読書に取って代わるものではない。蔵書の選出には最大限の注意を払うべきである。それには何よりもまず、どの資料も収集の是非を決める図書館員により目を通されなければならない。判断に迷う場合は、他の図書館員にも読んでもらうべきだろう。質の良さは、テキスト、イメージ、グラフィック、タイポグラフィーなどさまざまな要素から成り立つ。小さな子どものための図書を選ぶ場合は、テキストとイメージの関係に関する判断基準も必要となる。

早すぎることは決してない（0歳から5歳）

この年齢、とくに0歳から3歳までの読者は、いまや図書館にとって珍客ではない。昨今ではイタリアでも、ほとんどの図書館に「Nati per leggere（読むために生まれた）」という新生児向けの棚がある。よく行き届いた図書館では専門スペースがあり、例えばボローニャのサラ・ボルサ図書館では親と一緒にそのようなスペースを作っている。小さな来館者はつねに熱心な利用者であるが、同時に注文の多い利用者でもある。彼らは自分たちの本、自分たちのスペースをほしがり、好奇心旺盛で、本を読む大人の真似をする。何でも知ろうとし、自分で本をさわり、ページをめくり、においを嗅ぎ、かじりつき、絵の意味を探り、日々の生活にある物を認識し、小さな主人公に自己同一化しようとする。とても活発な利用者で、全身全霊でその場所との関係性を生き、その喜びを他の人と共有しようとする。のびのびと動き回り、本棚から本を取り、注意深く見たり、他の本とぐちゃぐちゃにしたり、他の場所に持って行ったり、本を並び替えたりする。本の読み方を自分で選び、大人の近くで読んだり、ひとりで読んだり、友達と読んだり、寝っ転がって読んだり、ソファに座って読んだりする。図書館に小さな子どもたちがいると、まったく違った考え方やサービスの使い方を発見させられる。彼らがその場所で生き、使えるように、手入れや衛生など、細部にまで注意を払わなくてはならない。ペーザロのサン・ジョヴァンニ図書館での大切な思い出のひとつは、絵本をアルミニウム製の箱に入れていたことである。箱の縁は丸められており、簡単に移動したり、積み重ねたりすることができた。絵本の表紙は見やすく、まるで未知への扉のように並んでいた。箱というのは多くのオモチャと同じように、幼児が初めて出合う遊び道具のひとつである。小さな子どもは箱まで這っていき、縁をつかみ、力を込めて立ち上がろうとする。尻餅をついてしまうこともあるが、そんなことで意気消沈する子どもはおらず、何度でも立ち上がろうとする。いったん立ち上がると、箱の中の絵本を徹底的に外に出し始める。そして今度は自分が箱の中に入り（というよりは転げ込み）、カーペットに散らばった絵本を取ろうと箱から身を乗り出し、箱が自分と本でいっぱいになるまで本を箱に戻そうとする。箱がいっぱいになると今度は箱の外へと転げ落ち、最初からもう一度同じことを始める。子どもたちはこうして場所や物（つまり本）に親しむのである。

このような年齢の利用者を、従来通りのありきたりな空間に迎え入れることはできない。彼らには限定的な場所が必要であり、子どもを連れてくる大人にも適した設備が必要である。穏やかで、整っており、安全だと感じ取られるような空間でなければならない。設備品の背は低く、用途の幅をもち、組み立てることができ、さまざまな活動に応えられるものに、そして床には柔らかい素材を用いる。子どもがよじ登ったり、本を見つけたり、物語を読んでくれるお母さんの隣に座ることができるように、クッションや踏み台も設置する。子どもにとって世界とは、彼らの身体を通じて形造られるものであり、よい建築とは、家具を使い自分で空間を作らせることのできる建築のことである。

空間作り

一般特性——静かでほっとでき、安全で魅力的な空間。

床——温かみがあり、丈夫で汚れが落ちやすい素材。

色――家具、仕切り、床ともに淡色が好ましい。
光――雰囲気作りの要。そこで行われる活動との関係性を充分に考慮する。
家具――子どもたちが自分で本を選べるように背の低いものを使う。本は表紙を見せて並べる。
雰囲気――隠れて本を読むことができるような小屋、天蓋付きベッド、脚が鉛筆の形をしたテーブル、ミッキーマウスの耳の形をした椅子、本の形の大きなクッション、本が詰まったボート、パラソル、イグルーなど。
不可欠な設備――ベビーかご、おむつ替え台、おまる、哺乳瓶ウォーマー、授乳クッション。
安全性――角、電源、有害物質には充分に気を配る。

図書館の空間作りで重要なのは、ブルーノ・ベッテルハイムが言うように「人に配慮してデザインする」こと、つまり利用者の動きを充分に踏まえることである。子どもは床にじかに座るので、その素材には注意が必要である。近年では見た目の良さと機能性を合わせもつ面白い製品が発売されている。

本は、子どもが立っても座っても手が届く高さの容れ物に収める。たとえ幼い子どもでも、自分で本を選べるようにするべきである。このことは、図書館員や設備品メーカーからなかなか理解されにくく、使い手とは無関係に、背が高く、奥行きがあり、手が届きにくい棚で図書館を埋め尽くそうとしがちである。

乳児のためには、ベビーかごやトイレにおむつ替え台やおまるを用意する。設備品や素材の安全性に加えて、エコ・サステイナブルであるかにも注目する。また色の選び方も重要である。光は雰囲気作りやを館内経路を示す基本要素として働くので、できるかぎり自然に使うことが重要である。

生後0ヶ月から6ヶ月の乳児は、自分を取り囲む世界に適応しようとする。大部分の時間は眠っているが、残りの時間には、目、耳、手、口を使って周囲の世界を探ろうとする。こうした時期の子どもをもつ親には、子守唄や絵本の他に、子育てについての本を薦めてもいいだろう。

子どもの首がすわったら、膝の上に乗せて本を読み始めることができる。初めての本には、布や柔らかいプラスチックでできた本がいいだろう。この時期の子どもにとって本というのは、全感覚で探る物、噛んだりしゃぶったりする物である。

生後7ヶ月から14ヶ月になると言葉を覚え始める。言えることより理解していることの方がずっと多く、物語に興味をもち、絵の名前や動物の鳴き声を繰り返し聞きたがる。ページをめくることはできなくても、本のなかの物を指差すようになる。どのように子どもと本を読むといいか、親にやって見せるのは重要である。

生後14ヶ月から24ヶ月はとても重要な時期である。見ることと聞くことが決定的な活動となり、この時期から言語発達の速度が速まる。一人歩きをはじめ、物やオモチャや本を手に取り、一人で使い始める。音を立てたり、同じ言葉を繰り返し聞こうとし、最初の本当の社会的コミュニケーションを取り始める。この段階には触覚を刺激し、どうであろうと手を使わせる絵本が良く、子どもは絵本を使って初めての「読書」を始める。本を選ぶ際の図書館員の助けはさらに重要となり、アメリカの図書館では子どもを本に近づける理想的な時期であり、親を巻き込んだ直接的な活動をこの年齢層には行うべきだと考えられている。

2歳から3歳は、子どもや本と一緒に働く者にとっては実に喜ばしい時期である。子どもの興味は広がり、色、数、文字など簡単な概念を理解し始める。この年齢層の専門家によると、3歳児はおよそ1000の言葉を知り、日々の生活で話されることの約75%を理解する。このことは、本の種類が変わったとしても、5歳児までは同様に考えられている。好奇心は増し、図書館との関係はより自立的になり、親と一緒にではなくひとりででも本を読み始める。

一昔前であれば、子どものためのサービスを整備するのに図書館員は不安を覚えたかもしれないが、今日では子どもへの読み聞かせを通じて読書推進を行う〈Nati per leggere（読むために生まれた）〉のおかげで大きな進歩の可能性が開かれた。子どものためのサービスを整えるには、図書館で働く者が本や子どもの心理や成長段階について知っていることが不可欠である。図書館員は、場所、そこにあるもの、子ども、大人にとって仲介者に、つまりファシリテーターにならなければならない。

本を読む大人は小さな読者にとても重要な情緒的、心理的、言語的な経験を与え、子どもの感情を解き放つ。それにより大人は子どものパーソナリティを理解できるようになる。しばしば子どもの目は、親が見逃してしまうようなニュアンスや細部を捉え、時には子ども自身が大人に読むことを教えることもある。ジャン・オーメロッドは自分の絵本についてこう書いている。「子どもにとって一番大切なことは、その絵本が子どもと親との間で共有されること（…）です。一冊の絵本を、小さな子どもと分かち合おうとする大人はメダルに値しますし、豊かで若々しい人々です」

注文の多い小さな客（6歳から13歳）

昨今、思春期がますます長くなる一方で、11歳から13歳の少女の多くは精神的にすでに成熟している。とはいえ、IFLA（国際図書館連盟）のガイドライン（2003）では、児童図書館サービスの対象を0歳から13歳としている。6歳から13歳までのサービスを計画する際に覚えておくべきなのは、彼らが何にでも夢中になるということである。この年代の子どもは、活発で、好奇心旺盛で、図書館の企画に喜んで参加する。そして一般的には彼らの成長を刺激し、彼らの考え方や意見、興味を認め、耳を傾けられる環境を心地よく感じる。

6歳から13歳までのスペースは幼児のそれとは別に設けた方が良いが、彼らは図書館すべてのスペースと資料も利用したがる。新しい図書館ではそれを考慮して、フレキシブルで、行ったり来たりでき、形を変えることのできる広い空間を作るように心がける。年齢に関係なく、すべての人を迎え入れるイタリアの広場と同じように、新しい図書館には人が立ち寄り、利用する。今日では大人と子どもが共存しやすく、すべての人が資料を利用できるような空間設計がなされている。

図書館に来る子どもは増えている。というのも、家に帰ってもひとりだからである。これは一昔前ではアメリカの現象だったが、今日では世界的な現象である。

6歳から13歳の利用者もまた、とても注文が多い。図書館で長い時間を過ごす傾向にあり、宿題をするために来ることもある。真摯な応対を望み、質の高いサービスと、本のことを熟知し、探しているものを見つける手助けをしてくれる図書館員を求める。彼らが必要としているのは仲介者と筋の通ったわずかな規則である。彼らは、大人のように、規則やお役所的な言葉や態度に怖気づくことはない。私たちは、ネアンデルタール人に関する資料を全部借りようとする少年に、規則では3冊しか貸し出しできないと言うことはできない。彼は、一日4冊読むのになぜ3冊しか借りられないのかと訊くだろう。他の友達が読む分を残して置かなければいけないと言えば、彼はすぐに本を置くだろう。規則は必要だが、数は少なく、明瞭で、共有されるものでなければならない。

図書館の成功には、空間と内装が基本要素になるのは明らかである。したがって、利用者の身体性、空間の使い方、本の読み方に応える書架を配置する。彼らにとっては、図書館はわくわくする所であり、発見したり、夢想したり、創造力を掻き立てられたりと、すべての感覚を刺激する場所でなければならない。

このような性質をもった場所を作り出すのは容易ではない。当然、それを実現するには若い利用者からのアドバイスや彼らの空想力、考え方が必要である。彼らは色、内装、ゲーム、活動内容を選ぶ手助けをしてくれるだろう。私たちがデザイナーや建築家と一緒にすべきことは、彼らがそれらを選べるようにすることである。図書館に必要なのは豪華な設備ではない。私たちが必要としているのは、もっと空想力や創造力を刺激し、午前中は学校の一セクションに、午後は図書館に、夕方は親の懇談会の場に、日曜日にはトイ・ライブラリーにと、一日のなかでさまざまな表情をもつ設備である。

6歳から13歳向けサービスに従事する図書館員が備えるべき能力とはどのようなものだろうか？子どもに接する職員を育てようとする投資はあまりになされていない。ついこの間までは、専門的な文学知識が唯一無二の能力だと信じられてきたが、今日ではより多岐にわたる能力と、倫理的で市民的な責務が必要である。なぜなら、図書館だけでなく、子どもの知的・文化的成長に関わる権利も守られるべきだからである。残念なことに、近年では経済危機により経済的・文化的格差がはっきりと目立つようになり、少なくともイタリアでは、人間としての成功に学ぶことが重要だとは考えなくなってきている。とくに学校数が減少し続けているいくつかの地域では、図書館はもっとも損害を被った人々（ほとんどつねに子どもたちである）にとって、世界へ通じる機会そのものを保障する場所であり、またそうでなければならないだろう。

つまり、図書館に勤めるあらゆる職員に問われるのは、仕事への情熱や欲求といった人間的素質とその力量である。加えて、利用者や同僚とのコミュニケーション力や、規則外の諸問題を解決する手腕も必要である。子どもにたずさわる図書館員は、連携し、協力し、臨機応変に対応し、創造力をもち、変化に対してオープンでなければならない。職業を通して成長したい、新しい能力を習得したいと望む人でなければならない。このような資質に加え、次のような専門的能力も必要とされる。

- 児童文学、文化メディアの市場動向、子どもたちの文化メディアの利用の仕方についての知識。子どもにさまざまなメディアを触れさせる能力。
- 読書への興味を発達させ、読書を促進するテクニック。
- とくに地域や多文化活動を重視するプロジェクト、サービス、グループワークを展開させる力。
- 地域に関する知識。
- 子どもが必要とすること、また子どもの心理的発達への意識。

さらに、管理職には次のような能力も必要である。

- 運営手腕。
- サービスの目的に応じた責任を負える能力。
- 利用者の声に積極的に耳を傾けることができ、信頼され、動機づけできる能力。
- あらゆる種類の人々のため、とくに図書館に通わない人のための活動を企画促進できる能力。
- サービスやプログラムのインパクトを分析し評価できる能力。

ヤングアダルト

ティーネージャーエリアを図書館のどこに配置するかというテーマは、長い間、図書館員を夢中にさせてきた。議論されるようになったのは70年代だが、大分前から具体的な懸念事項となってきた。というのも図書館は、幼児から13、14歳までのためのサービス、蔵書収集には力を注いできたが、ヤングアダルトに関してはおざなりにしてきたからである。

近年ほど幼年期の世界に居続ける子どもと、すでに年長の兄弟姉妹の行動様式を取り入れた子どもとの差が明らかになったことはないだろう。後者の子どもたちにとって、スマートフォン、テレビゲーム、ソーシャルネットワークなど、新しいテクノロジーの世界は支配的である。本を熱心に読むのは、ほとんどいつも空想小説、ヒーロー小説、パラレルワールドの熱狂者である。

図書館では小さな子どもたちに読書好きになってもらおうと多くの努力がなされているが、残念ながら無駄に終わることが多い。なぜなら年長の子どもたちに対しての戦略がなく、心理的な障壁によりティーネージャーの足を図書館から遠のかせるからである。ティーネージャーの子どもが図書館に頻繁に来るとしたら、それは机を使うため、電源を取るため、インターネットをするため、持参の本で勉強するためである。そして学校や大学を卒業すると、図書館との関係はあっさりと断ち切られる。図書館は勉強するための場所であり、人生のあらゆる瞬間に役に立つ場所であるとは認識されぬまま終わってしまうのである。

この状況に対して、おそらく一番問題なのは図書館員だろう。図書館員はティーネージャーをなかなか理解できないし、彼らを迎える準備もない。子ども、あるいは大人と一緒に働くことに慣れてはいる（最良の場合で）が、この年齢に特有なある種の行動、つまり思春期の彼らがパソコンを独占し、学校をさぼり、群れて不良グループになったりすると、どうしたら良いか分からないのである。解決策は、私たちの穏健な図書館サービスを混乱させる彼らを締め出すしかないと思われるかもしれない。なぜなら図書館員は少ないし、彼らは迷惑だし、彼らを「管理する」専門的手段もないからである。だがしかし、もちろんそれで問題解決には至らない。このような場合には、他の方面に目を向け、適切なプロジェクトに着手することが必要である。これは数年前にボローニャのサラ・ボルサ図書館で実際に起きたことである。そのとき図書館員は町中の子どもに関わる分野で働く人々を巻き込み、ヒップホップの講習会や、グラフィティや漫画のワークショップを開いた。これは、図書館員がティーネージャーの才能や情熱、彼らが危険ではないことを知る良い機会にもなり、実験的試みから一つのサービスへと移行した。現在では一週間に3日、午後にさまざまなイベントが開かれている。

初めて図書館にヤングアダルトコーナーを設置したのは、1919年のニューヨーク公共図書館である。しかし実際に進歩し始めたのは50年代に入ってからである。というのも、第二次世界大戦以前には、思春期という概念が存在しなかったためである。カテゴリーとしての思春期というのは、この年代を性成熟と関連した人格の再組織の時期として考えられるようになって初めて認められた。

幼年から大人への伝統的な通過儀礼はなくなり、それに代わって長くあいまいな期間が出現した。その期間は人によっては大学卒業まで、あるいはそれ以後まで続くこともある。変化の段階は多様化しており、今日では2世代前のように、初めてのタバコ、初めてのキス、初めての2人だけのバカンス、初めてのセックスは、もはや幼少期との断絶の象徴とはならない。

実際には、多くの社会学者が言うように「思春期は存在しない（あるいは年金生活に入るまで延長されている）」というのも一理あるだろう。しかし市場は13歳から20歳に向けた商品を休むことなく大量生産しているという事実だけを鑑みても、あるアイデンティティーをもった、一つというより多数のグループを形成するには充分である。無数の若者向けの音楽、若者向けのファッション（厚底サンダルやボディピアス）、若者向けのテレビ番組やラジオ番組は、図書館が知っておかなければならない「若者の条件」である。

1996年アメリカ図書館協会は、ティーネージャーに対する取り組みは、すべての図書館で同一の基準にしたがい行われ、図書館内に独立したティーネージャー用スペースを設けるように推奨した。この提案は、当時から現在にいたるまで議論の的となっている。なぜなら、物理的に切り離したスペースを設けることは、孤立化をまねくおそれがあるからである。当時アメリカ図書館協会が作成した公共図書館におけるヤングアダルト向けサービスの基準は、実用的・心理的理由から、ヤングアダルト専用のエリアを設けることは、彼らを図書館の他のスペースから隔離するのではなく、むしろ彼らにすべてのサービスを利用する気にさせるために重要であると明言している。

普遍的な解決案を見つけるのは難しい。思春期の少年少女はたやすく大人と共存しないことを踏まえた上で、図書館の空間、提供できるサービス、組織モデルをもとに、それぞれがそれぞれの戦略を練った方がいいだろう。次にいくつかの案を挙げることにする。

- 大人のエリアの一角に設ける。
- 子どものエリアのなかに設ける。
- マルチメディアエリア、または漫画コーナーの近くに設ける。
- 独立したスペースを設ける。
- 大人のスペースと子どものエリアの中間に柔軟性をもったスペースとして設ける。
- 図書館のなかで「とけ合う」ようなサービスを設ける。

空間を区分けしない選択からは、図書館のすべてを利用できる、つまりティーネージャーが自分で図書館の利用ルートを作ることができるという利点が得られる。必ずしもティーネージャー向け資料でスペースを作らなくともいいだろう。そうしてしまうと閉じた世界を作ってしまう危険性もある。よくあるのは、子どものセクションの近くに、大人のセクションにも拡大していくような一角を設ける方法である。勉強したり、友達に会ったり、残りの図書館から「釣ってきた」資料が置かれた場所、つまり独立心の欲求に応えると同時に、出会いや創造表現の場所にもなり得る自立的な空間を作るのである。

すでに述べたように、思春期の子どもに接する仕事はとくに難しい。なぜなら専門的な能力、仲介役としての資質、彼らの行動様式や市場が提供する商品についての知識が必要とされるからである。ティーネージャー向けサービスが失敗する原因として非常によくあるのは、資料の選択ミスである。とくに、音楽、漫画、雑誌、映画、ファンタジーなど、彼らにとって一番身近で親しみのある分野でそれは見受けられる。あるいは、テレビゲームやインタラクティヴなテクノロジーが配置されていないこともある。思春期の子どもは、図書館が提案する資料について厳しい判断を下している。図書館の資料はつまらない、古い、刺激がないと思われ、それがそのまま図書館サービスを否定的に捉えさせてしまうのである。静寂と規則を愛する職員、彼らのことをじっと見てはまるでゾンビでも扱うように避ける他の利用者、これが多くの図書館サービスを特徴づける雰囲気である。一般的に、思春期の子どもは、図書館は規則、制限、彼らを拒否する建物の総体だと感じている。思春期の子どもが図書館にどのようなイメージを抱いているかを知るために行われたアメリカの調査では、次のようなことが挙げられた。図書館員は「静かであることに取り憑かれている」、職員もコンピューターも「遅すぎる」「冷たい機関」「規則以外のあらゆることには無頓着」「荘厳」「堅苦しい」「重苦しい雰囲気」「時代遅れ」「つまらない」「一度に一人の人しか満足させられない」「貴重な図書を守ろうと心配しすぎ」……これではティーネージャーにとって面白くないだろう。

彼らが図書館にやって来るのは、音楽、雑誌、その他の資料が面白く、そこが流行っていて、なにかに出会える場所であるときだけである。つまり、伝統的な蔵書では、彼らの関心を引き、習慣

フィンランドの小学校．教室から壁をなくした

フランスの図書館．イグルーひとつで，親密な空間を作り出せる

チニゼッロ・バルサモ図書館（イタリア）．図書館でおやすみなさい

マルグリット・ユルスナール図書館（パリ）．階段だって立派なスペースです

サリスブルグ図書館（オーストリア）．赤い階段は本を読んだり，音楽を聴いたり，よじ登ったりする空間になる．「隙間」というのは魅力的な空間である

イェリング図書館（デンマーク）
目を引く床の赤い帯．これをたどって行くだけで，図書館のすべてを発見できる

アルメレ図書館（オランダ）
書店のような図書館

アルメレ図書館（オランダ）
キッズスペース

［下左］Wi-Fi は使えません．
みなさんでおしゃべりして
ください

［下右］サラ・ボルサ図書館
（ボローニャ）．
新生児スペースには哺乳瓶
ウォーマーを

フィンランドの小学校
さあ，みんなでクライミング
をしてみよう！

チニゼッロ・バルサモ図書館
（イタリア）
子どもとガチョウと雲

コペンハーゲン図書館（デンマーク）．ボックスを使うと，どんな部屋でも素敵な空間になる

モルターラ図書館（パヴィーア）．毛虫？　いいえ，自動貸出機です

フランス．キッズスペースのカラフルな渦巻き

繭のなかに逃げ込むこともできる

あぁ，どんな図書館でもこんな風に過ごせたらなあ……

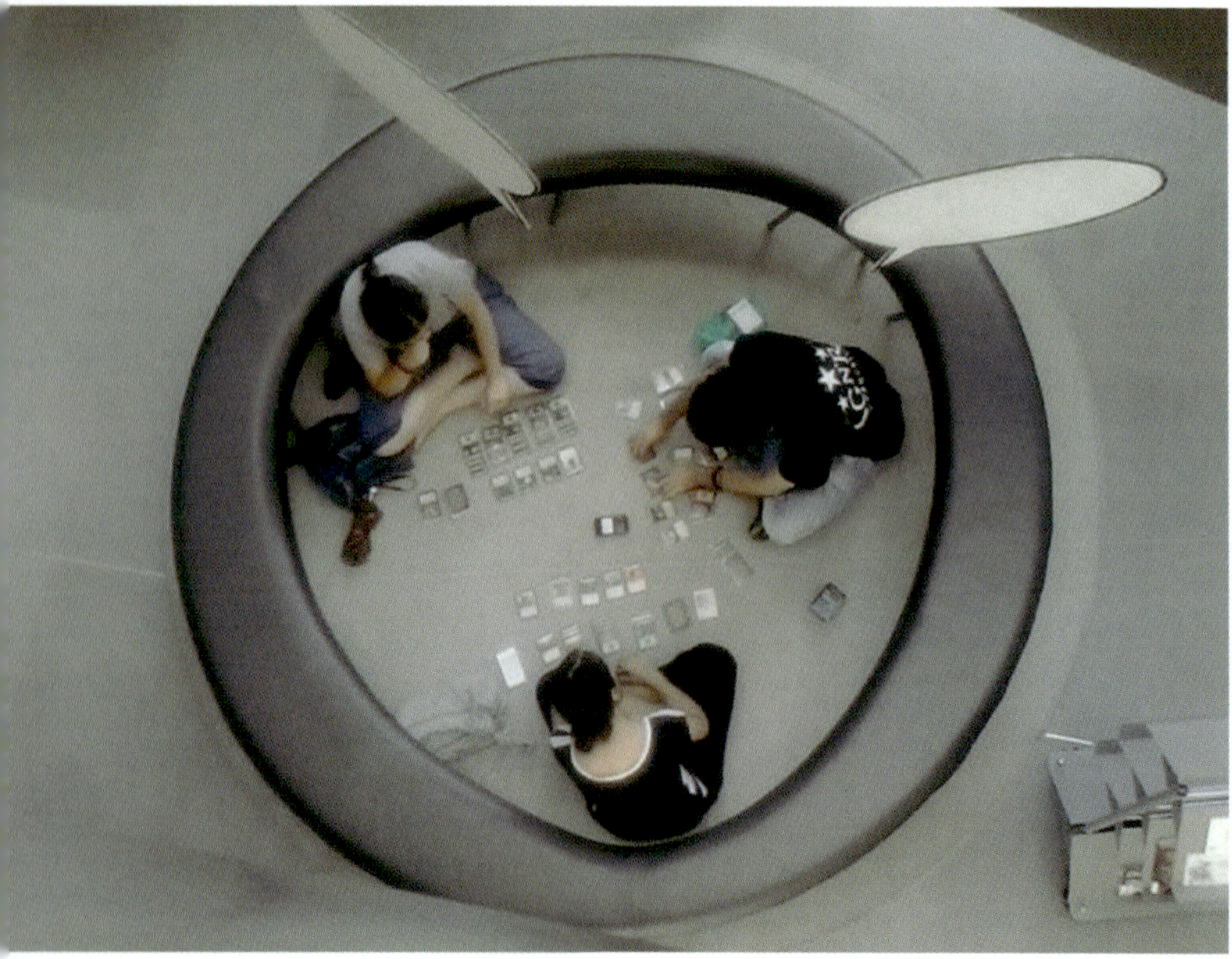

チニゼッロ・バルサモ図書館（ミラノ）．愛称“ペルティーニ”図書館のエレガントな空間

的な利用者にさせるには不十分なのである。

フランスのメディアテークや北欧の新しい図書館は、若者にも大人気である。新しく現代的で広い建物は、容易に社会のなかにとけ込む。そこにはいつでも最新のサービスがあり、マルチメディアも充実しており、簡単に使うことができ、インタラクティブなサービスがある。提供するサービスの幅が広ければ、どんな人でもそこに通う動機を見つけることができ、思春期の青少年もこうした新しい図書館には喜んで行くことが証明されている。このことはおそらく、この年頃に典型的な読書離れも阻止するだろう。

彼らと図書館の関係を維持するためには、親しみやすい場所であることが重要である。近年のあらゆる調査で分かったように、図書館は学校の延長や学校に関係する場所ではないと彼らに示さなければならない。彼らに接する職員はできるだけ若く、彼らとおなじ好みをもち、彼らの態度や服装を嫌がらない人であるべきである。複雑でしばしば不愉快な感情表現や態度をうまく汲み取り、一人一人に対応でき、関係性を築くことができなければならない。つまり、先入観や型にはまった見方や彼らとの間にある障壁は捨て去らなければならないのである。図書館の雰囲気、サービスの使いやすさ、資料の取捨選択はもちろんだが、学校環境に関わらない専門的な活動があるか、多様なマルチメディアを利用できるかという点は、彼らにとっては重要なことである。

サービス利用にあたっての規則は単純で柔軟なものにし、彼らを企画、活動、蔵書の選択、運営に巻き込まなければならない。思春期の青少年のためのサービスは次のようなものが挙げられる。

・音楽や映像資料
・新聞や雑誌
・ロールプレイングゲームやテレビゲーム
・漫画
・彼らが好きなジャンルの小説
・スポーツ、ポップミュージック、趣味についてのノンフィクション
・自由時間や仕事、薬物についての資料
・インターネット
・教育ソフトの入ったパソコン、ゲーム専用台
・楽器の貸出
・防音された音楽室
・グループ作業室
・共同作業室
・3Dプリンター
・その他足りないものは彼らが教えてくれるだろう

蔵書はあるテーマについて、さまざまなレベルで掘り下げられるものであるといい。必ずしも全

て応える必要はないが、多くの好奇心、多くの疑問に応えるものでなければならない。

資料を厳選し、その数を減らすことは、彼らの発見したいという欲求を刺激し、その先にあるものを探そうとさせるだろう。蔵書選びには、少年の好きなものと少女のそれには違いがあることを踏まえなければならない。少女は少年より本を読む、少年は本より雑誌を好む、少女は恋愛小説やミステリーを好む、少年は冒険小説や空想小説、漫画、スポーツに関する読み物を好む。

建物は、社会化や出会い、自立心を促すものでなければならない。つまり図書館は、学校ではなく、堅苦しくなく、危険ではない公共空間だと分かるような建物でなければならない。この点についてもう一度、内装、空間の作られ方、資料の配置、色彩、採光、防音といった要素が重要となってくる。これらの要素がすべて一体になって、快適でリラックスできると同時に、勉強したり知識を深められる場所であると、彼らに伝えなければならないのである。

大人

実際のところ、子どものための図書館の利用者のうちの4分の1は大人、つまり親と教育関係者である。この利用者のことを忘れてはならないだろう。親の必要に応えるのは、子どものためのサービスの一環であり、学校やその他の教育・文化機関と連携サービスを整えるのと同様に大切なことである。親への働きかけは、とくに幼年期において重要となる。というのも、図書館を通じて家庭内で本に親しむようになる可能性があるからである。また、あらゆる自由な時間（旅行、休日、長い待ち時間、のんびりする時間、眠る前）に、本を読む経験を積むことも重要である。親は、とくに子どもが幼いうちは、一緒に本を読んだり、映画を観たり、音楽を聴いたり、芝居を観たり、スポーツをしたり、子どもの友達を知ったり、歴史物語を聴いたりしたいと思い、新しい本や絵本の発見や美しい物語の歓びをわが子と共有しようとする。親もまた子どもと同じように、居心地が良く、物理的・文化的障壁がなく、適度に整頓された場所を好む。私たち図書館員が親が子どもとしたいことができるように手助けすれば、親は良質な場所にある良質な本、豊かな蔵書、選択肢の広さ、適確な本や映画や音楽を探し出してくれる親切で有能な職員の存在をありがたく思うようになるだろう。異なる文化、異なる社会、異なる宗教の親が偏見をもたれたり、排除されることなく、図書館の場に馴染めるようにしなければならない。彼らを気持ち良く迎え入れられれば、彼らを利用者として獲得することになるだろう。子どもの後押しがなければ、図書館やその他多くの公共空間の利用を阻む障壁を乗り越えられないこともしばしばある（アラブ人のお母さんのように）。図書館に主婦、父親、そして今日ではたくさんのお祖父さん、お祖母さんがやってくるのは、まさに子どものサービスがあるからということもある。図書館員は、そうした人々が子どものためサービス以外でも図書館を利用するように、個人的な動機や興味を見つける手助けをしなければならない。こうした利用者のためには、誰かと一緒にコーヒーを飲むことができるくつろぎの空間、待ち合わせ場所、出会いの場所といったサービスが必要となるだろう。

内装は、ソファや丸テーブルを置くなど、人々がともに楽しめるようにする。子どもの発達、子育て、言語、読書、青少年向け文学、ゲーム、絵本、職業に関する本やその他のメディア、新聞、本、ビデオ、それから子どもエリア以外の図書館を味見できるような資料が取り揃えられたコーナーも必要である。

このような場所を設置するにあたっては、子どもと一緒に床に座ってではなく、子どもを膝にのせて本を読みたい人もいるということを踏まえておこう。重要なのは、親と子が何かを一緒にすることである（本を読む、遊ぶ、作業をする、感動する、発見する）。こうしたことが幼少期からなされ、そしてその後も続けば、思春期での読書離れを食い止めることになるだろう。家庭内で本が一定して読まれ続けて初めて、子どもにとって読書が自然のこととなる。親が椅子に座って本や新聞を夢中になって読んでいる姿を見ることほど、子どもにとって効果的なことはないのである。

ここでエリアス・カネッティの『救われた舌』の一節を引用しておく。「学校へ通うようになってから二、三か月して、私の爾後の全人生を規定するような荘厳で興奮的な出来事が起きた。父が私のために本を一冊家に持って来てくれたのである。……彼は激励しながら真剣に私に話しかけ、本を読むのはとても素晴らしいことだ、と言った。彼は物語をひとつ読んでくれた。その折父はこう言うのであった。これと同じように、この本にある他の物語も素晴らしいものばかりだ。これからは努力してお前ひとりで読み、晩に必ずお前の読んだことを自分に話して欲しい。この本を読み終えたら、また別のを持って来てあげよう、と。私は父に二度と同じことを言わせなかった」

計画

図書館は現代的な書店や面白そうな玩具ショップのようにならなければならない。新刊を並べたり絵本作家を紹介するブックスタンドや棚、子どもたちが好きな本を紹介したり、要望や提案が書かれたポストイットを貼り出せる掲示板、イベント、読書会、誕生会、ワークショップを知らせるチラシが必要である。それからその町や地域のなかの文化、お祭り、民族グループに関するメッセージを発信することも必要である。私がピッツバーグの黒人・ヒスパニック系地区の図書館を訪れたとき、図書館員はみなソンブレロをかぶっていた。なぜならその日はメキシコの建国記念日だったからである。図書館員たちにとって、そのテーマに関する本を集め、コミュニティと一緒にお祝いするのはごく自然なことで、図書館の読書サークルは、ワカモレ、チリソース、タコス、トルティーヤなどのビュッフェの周りで読書会を開いていた。

その他の内装としては、形の異なるテーブルがあるといいだろう。丸テーブルは、コミュニケーションを行いやすくする。年齢ごとに好きな本の読み方があり、6歳から13歳までの子どもは、床に座ったり、クッションに座ったり、ミニスツールに座ったり、ソファに座ったりしながら読むのが好きである。テーブルは本を読むのにあまり役に立つことはなく、手作業や勉強をしたり、パソコン、タブレット、ゲーム機を置くために使われる。

図書館の空間は幼稚ではない空間、学校や商業施設とは異なる空間でなければならない。それと同時に、美しく、開放的で、斬新で、創造的で、多機能の空間を計画する必要がある。
・個人活動（本を読む、本を選ぶ、調べものをする、音楽を聴く、映画を観る、パソコン、タブレット、ゲーム、電子書籍、インタラクティブな資料を利用する）
・グループ活動（おはなし会、学校のクラスでの学習会、ＩＴ機器の利用法についての講習会、手仕事や創作活動、映画上映会、音楽会、読書会、もの作り講座）
・職員のバックオフィス業務にかかわる活動（事務、資料整備、催し物の企画・準備、資料の補修、書庫整理）

バックオフィスでの業務は、どの子どものための図書館でも共通している。いくつかの図書館では、種別や規模によって職員構成が変わる。

その他のスペースは、市民のために次のような機能をもつように計画する。
・資料の貸出・返却。できるだけ自動貸出機を設置する。
・書誌情報、レファレンスサービス。貸出のカウンターは別にあっても、情報交換の場所があることは重要である。自動貸出機が配備された図書館では、子どものためのスペースに職員を配備するといいだろう。
・「バガボンド」のように本を読むことができるスペース。自由に本を選べ、好きな場所で好きなように、本を読んだり、音楽を聴いたり、映画を観たりすることができる場所。

・作業やイベントのためのゾーン。お話会が開かれる空間は、その図書館の個性が表現されるように独特な資材、照明を用いて計画する。

私たちはいつでもどこでも、情報や娯楽商品からの攻撃に晒されています。手に入れやすいこれらは、はかなく移ろいやすいのですが、この液状化する社会ではそれが当たり前となってきたようです。鋭敏なジグムント・バウマンはこう書いています。「人間が行動する状況は、その行動様式が習慣や慣例へ固まる前に変わってしまう」と［Bauman 2006, p. VII］。しかしこの状況はよく考えなければならない危険性を隠しています。

情報が全能となるのは、世界が不安や戸惑いの意識で支配されるからです。これは金融経済が圧倒し、株式市場の揮発性、地球温暖化、テロリズム、雇用不安に対して政府がなにもできずにいることから生まれます。つまり、マルク・オジェが言うように「未来がない」という感覚の現れなのです［Auge 2009］。

昨日まで市民は、郵便、年金、交通制度など、国の存在から安心や安定を得ていました。しかし今日では、私たちは毎月、歴史的変化を期待しなければならない、私たちの仕事、権利、期待などすべてのことが今にも変化「しなければならない」と昨日と同じ政治家たちが言っています。

多くの人が安定した日常生活への愛着を軽んじています。郵便配達が手紙を届けに来ること、図書館があることをです。公的機関をめぐる記憶というのは一見したところ個人的なものではありません。しかし実際には連帯意識や安心感を生み出すものとして感じられており、その記憶はこの先何世紀も強く残り続けるものです。私はアルプス山脈の麓のカドーレに生まれました。カドーレには今日でもハプスブルク家の「善き政府」の伝説が生きています。年老いた人々は意気揚々と、オーストリア政府からの年金支給がどれほど正確だったかを語ります。それは彼らの祖父母から語り伝えられた話です。オーストリアがカドーレ渓谷を手放したのは1866年のことですから、もう1世紀半も前の話なのです。

年金制度の未来が、公的債務や私的年金の促進の名のもと不安に晒されることになれば、社会関係は重大な損害を被ります。なぜなら、日常生活における安心や安定の領域が狭まるからです。若者が将来の見通しをもてずに苦悩しているその時に、エリートやマスメディアが「柔軟性」に固執し、公共機関が規則的、継続的に機能してきたことで得てきた最低限の安定が排除されそうになっていることは理解されません。

テレビは私たちを永遠の現在に生きさせようとします。そこでは日本の地震、サッカー選手権の特番、刑事ドラマなどの映像が絶え間なく流れ、ごちゃまぜになっています。しかし過去の意識の喪失はきわめて高くつきます。そんなことをすれば、私たちはつねに同じ過ちを繰り返し、無自覚なまま野蛮な振る舞いに滑り込んでしまうことになるでしょう。自分の社会について深く考えられない社会、新しい文化を作ることのできない社会は、それまで在ったものすら守り抜くことができないのです。

私たちはこれまで以上に「拠り所」を必要としています。図書館は私たちを過去につなぐ錨であると同時に未来を約束します。つまり、私たちが必要としている継続性を保証するものなのです。図書館は、その収蔵資料に関係なく、私たちを安心させます。なぜなら混迷し、移ろいやすく、辛い現実世界に図書館があり続けているというならわしが、私たちにそうした現実も制御し得ると示すからです。公共福祉としての文化を、商業利益が含まれる変化の激しいテクノロジーに委ねることはできません。文化の持続や共有は図書館なしではなし得ないのです。

アメリカ都市図書館協議会の会長であるエリナー・ジョー・ロジャースが書くように、図書館は放棄することのできない「民主的インフラストラクチャー」であり、だからこそ必要なのです［Rodger 2009］。市民が図書館に行くかどうかが問題なのではありません。市民が図書館に行く「可能性をもつ」ようにしなければならないのです。近代の民主主義の理論に、市民が無知であることを許容するものはありません。図書館は民主的素地を豊かにさせ、どんな人でも知ったり学んだりできるようにします。今日、市民意識や社会的結束の喪失を示す野蛮化のシグナルは明らかに溢れ返っています。民主主義と日常生活が長く残り続けるには、黒い海に抵抗する機関が必要です。それは市民が理性、知恵、相互的信頼の価値を再発見できる場所なくしてはあり得ません。こうした場所をつくり、機能させることが緊急の課題です。イタリアの再生は下からしか起こり得ません。創造性や百の町の努力からしか起こり得ないのです。

イタリアの図書館は、繰り返される予算削減により脅かされています。しかしそのサービスを護ることに終始してばかりいてはなりません。図書館の役割を再検討し、これまでとは違う組織や財政作りを模索すること、これがこれからの私たちが挑戦すべき課題なのです。

補遺　アントネッラさんに訊いてみよう！

2013年6月15日にシブヤ大学で行われた講義「「知の広場」としての図書館のあり方」において受講生から寄せられた質問への回答

（翻訳協力　前木由紀・渡辺由利子）

■建物・図書の開架方法について

Q1　良い図書館の条件として「音のコントロール」というものが重要ですが、人々が交流する場を作るうえでそれは非常に難しいと思う。

A　アメリカの図書館員も言っていますが、図書館というのは会話の場所、おしゃべりをする場所です。イギリスの文化大臣（メディアスポーツ）アンディー・バーナムは、２００８年にこう言っています。「図書館は家族のための場所、楽しい場所、おしゃべりをする場所であるべきだ。「おしゃべり」という言葉は伝統主義者たちを怯えあがるかもしれないが、図書館はひきこもりのネット依存者を孤立から救う社会的な場所であるべきなのである」。それと同時に図書館は外の音から切り離される場所、ひとりになる場所でもあるのです。

Q2　「音をコントロール」しながら人々の交流を促すうえで気をつけているポイントは何でしょうか。

A　なによりもまず、建物について研究することです。それから、吸音材や優れた室内配置について研究することです。

Q3　カフェや広場の話し声と静かに読書したい人とのかねあいはどうしていますか？

A　今日では、フレキシブルな場所、行き来しやすい場所を作るようになってきていますが、それだけではなく特定のアクティビティを行うゾーンやエリアも充実させています。例えば、個別学習室、グループ学習室、手仕事などができる作業スペース（ラボラトリー）、静かな閲覧・学習ゾーン、図書館員用のさまざまな種類のカウンターなどです。図書館員はそうしたカウンターに常駐しているとは限りません。図書館員は利用者の中に入って働くもの、というよりむしろ、館内でもっとも利用者が集まるところで働かなければなりません。

Q4　図書館建築で照明、消音、エアコン以外に大切な観点はありますか？

A　新しい建物において、今日もまだ有効な絶対必要条件は、町のなかですぐに図書館だと分かる見えやすさ、質のよい自然光、アクセスの融通性や良さ、効率のよいエネルギーの使い方、です。しかし、これらの特性に「プラスα」のリクエストが追加されます。新しい建物は、とても美しい広場を見た時のように、強烈な美的経験を市民に提供し、市民を驚かせ、惹き付け、引き止めなければなりません。つまり、「私たちを感動させる経験」にならなければならないのです。今日では多くの図書館で、カラーコーディネート、人の集まり方、空間の可変性について研究されています。

Q5　〝日本の図書館は本が多すぎる〟というコメントに驚きました。でも発想の転換をさせられました。イタリアの図書館は新刊本がメインなんですか？

A　私の国でも図書を保存しようとする傾向がとても強いです。しかし、それが妥当なのは保存のための図書館、古い歴史書文庫であって、公共図書館の「遺産」のためにそうするのではありません。私の意見では、公共図書館で、唯一、保存しなければならないのは、その土地の文化に関する資料です。その他の蔵書は、書架に〝のしかかり〟過ぎるべきではありません。試しに、この「遺産」の蔵書を貸出し、どの程度利用されるかを調べてみてはどうでしょうか。利用される蔵書がごくわずかであることが分かるはずです。古くなり、破損し、誰からも利用されなくなった図書、そして、数ヶ月後には誰からも読まれなくなるベストセラーなどは、他の機関へ寄贈するか、それと分かる象徴的な値段を付けて古本市に出すなどして、取り除かれるべきです。ロンバルディア地方の公共図書館システムは、イタリアでもっとも効率的なものですが、彼らの図書館法には、古くなった蔵書の廃棄に関する項目が盛り込まれています。

Q6　本の置き方・見せ方を工夫した結果として蔵書数が少なくなると、どうしても新刊・貸出の多い本を優先して置くことになると思うんですが、そういった図書館に「保存」の役割は持たせないのでしょうか？「保

存」は「保存」でそれに特化した図書館があればいいというお考えですか？

A　他の質問ですでにお答えした通り、保存のための図書館、専門図書館、資料図書館、大学図書館、公共図書館というように、図書館といってもさまざまあります。どの図書館にもそれぞれの使命があります。どの資料をどの程度収集し保存するかという問題については、それぞれの図書館が決めることも必要です。

Q7　イタリアでは本の排架はどのようになっているのでしょうか？（分類について。日本では日本十進分類法）

A　イタリアでは、蔵書の大半はデューイ十進分類法にしたがって排架されます。今日では、蔵書の一部をテーマ毎に排架するようになりました。評論・エッセイコーナーではテーマ別（時事問題、アウトドア、趣味、料理、社会問題など）に、小説コーナーではジャンル別（ミステリー、ＳＦ、恋愛など）にし、そのなかで著者名順に排架するなどという試みがあります。

Q8　本棚が動くと言っておられましたが、そのあたりが気になりました。

A　キャスター付きの可動式の本棚にするのは、図書館で行われるアクティビティに応じて空間を変えられるようにするためです。オランダには、午前は学校、午後は図書館、夜は地域の文化センターというように様変わりする図書館がオープンしました。ほんの少し書架や机を動かすだけで、ひとつの空間の多様な利用法を提案することができます。

Q9　それにしてもどの図書館もインテリアがすばらし過ぎて口あんぐりです。

A　今日では、インテリアのクオリティについて、さかんに研究がなされています。図書館は広くて、カラフルで、採光に優れていて、居心地の良いリビングルームのようになりつつあります。インテリアは場所の快適さを決定する基本的な要素です。特にソファは「反則的に」利用されることが多いです。インテリアのすべての要素と色合いは、環境作りにとても役立ちます。

■図書館員という職業について

Q10　多様なニーズに応えるために、司書はどのような専門性を身につけるべきとお考えですか。

A　今日、図書館の役割、図書館の未来について問われるべきでしょう。つまり、図書館員の役割・未来について自問しなければなりません。昔は図書館員とその権限が図書館の中心にありました。今日、中心にあるのは図書館という場、その運営、その利用者です。図書館員の役割は、ファシリテーターとなること、つまり、基となる共同体にとって、知識にアクセスし、新しい知識を得ることを円滑にさせる役割を果たすことです。建物が広く人々に開かれ、フレキシブルにならなければと主張するだけでは充分ではありません。図書館員もまたそのようになる必要があります。

Q11　イタリアの某家の絵画コレクションの説明を読んでいたら、「○○家の図書館司書である○○○○氏の努力によってコレクションに加えられた」云々の記載がありました。イタリアの司書の仕事の内容にはどんなものがあるのでしょうか？　日本では通常絵画や彫刻の収集はしません。そういう仕事の人は「学芸員」と言われるでしょう。

A　公文書管理担当の図書館員が図書館のコレクションにとって重要な作品を収集することはよくあります。もし図書館で、某家の寄贈文庫を収蔵していたら、そのコレクションを豊かにするために、本、手紙、絵画、版画などを収集するのも面白い試みとなるでしょう。

Q12　イタリアでは司書は社会的にどのような仕事と考えられているのでしょうか？　日本では「司書」はいまだに「司法書士」や「秘書」と勘違いされて、図書館員のことと思われないことがあります。

A　イタリアでもそうです。とくに社会的には認知されていません。アングロサクソン系諸国では、図書館は重要なサービス機関であると広く認められています。

Q13　ライブラリアンの人選はどうされているのでしょうか？　日本では司書資格をとっても地方公務員枠としてしか採用されない場合が多いので。

A　イタリアでは、公共図書館員は公務員試験により採用されますが、図書館司書の資格取得は義務づけられていません。いずれにしても、司書資格の取得というのは、近年できた制度です。

■世界の図書館、日本の図書館について

Q14　日本の図書館で一番おもしろいと思ったところはどこですか？

A　意見を述べるにはあまりにわずかな図書館しか見ていません。ただ、イタリアと較べてとても興味深かったのは大学図書館です。大学図書館は新しい試みを取り入れ、共同体に開かれつつあるように思われました。

Q15　日本でも良質な公共図書館が少しずつでき始めている一方で、小さな私設ライブラリー（マイクロライブラリー？）をつくろうという動きも起こり始めています。公共図書館に対して私設図書館が担う役割として期待すること、もしくは、おもしろい私設図書館があれば教えてください。

A　日本の私設図書館のことを知らないのと、私設図書館というのが、正確には何を指すのか分かりません。現在、イタリアでは、マンション、老人ホーム、病院などで、市民のボランティア団体により運営される図書館が開かれつつあります。ボランティア団体が全面的に運営する小さな公共図書館というのはよくあります。

Q16　建築・都市の取材で欧米の多くの都市や村で図書館を取材しました。特に印象的だったのは、ストックホルム市立図書館です。G・アスプルンドが１９２０年代に設計した古い建物ですが、今日でも使いやすく機能的で空間も美しい。ストックホルムは人口90万人、図書館は中心部にあり、市民の利用率も高い。人口に対する図書館のスケールなども含めて、この図書館をどう思いますか？

A　私もまったく同意見です。これは、もし図書館が良く設計されたなら、時の経過に耐え得るということを私たちに教えてくれます。アスプルンドは、設計前に図書館員たちとアメリカの図書館の視察に行きました。いずれにしても古い建物では、現代の人々のニーズや文化的・技術的変化に応えるにはキャパシティが不十分です。そのため数年前に、新館増設計画コンペが公布されました。コンペに勝利したのは、ドイツ人建築家のハイケ・ハナダでしたが、残念ながら、現在もまだ完成していません。というのも、経済的な問題だけではなく、

新案がアスプルンドの古い建物に酷似しており、異論が出ているからです。

Q17　図書館でのオリジナルグッズ（商品）販売、例えばノートや文具などを売っている素敵な図書館はありますか？

A　はい、あります。けれどもこの種の販売は、図書館よりも美術館・博物館での方がうまくいっているようです。それは利用者の種類が違うからでしょう。アメリカではほとんどの図書館内に図書館友の会が運営するミニスペース、あるいはショップがあり、蔵書から廃棄された図書、市民からの寄贈本、ショッピングバッグなどのグッズ、古書の複製版、マグネットなどが販売されています。

Q18　ヨーロッパの図書館の素晴らしさには驚きましたが、開館時間は何時から何時まででしょうか？　また、学校や大学の図書館はいかがでしょうか？　以前米国に17年近く住んでいまして、シアトルの小学校の図書館でボランティアをしていましたが、シアトルの学校ではライブラリアンの権威が高く、週1回授業があります。色々なカリキュラムを考えて図書館に関係する授業をしていました（ニューヨークは同じ米国でも全く違っていまして、図書館は暗いイメージで授業もなかったです）。ヨーロッパでは学校でライブラリーの授業などはあるのでしょうか？

A　イタリアの図書館状況は、他のヨーロッパ諸国、特にプロテスタント文化の影響下にあるアングロサクソン系の国のそれとはだいぶ異なります。イタリアでは、プログラム内に学校図書館が組み込まれていたとしても、実際に付設されることはほとんどありません。いずれにしても予算はごくわずかで、学校図書館員という役職はありません。近年になって、とくに北イタリアの公共図書館では、集会、読書会、ガイドツアーを催すなどして、学校との協働に力を入れています。公共図書館が学校の補助的な役割を担っていることもあります。

Q19　世界のなかでおすすめの図書館はどこでしょうか？　日本の図書館は、どの点が問題だと思われますか？

A　好きな図書館はたくさんありますが、最近は、オランダの図書館にとても魅力を感じます。いずれにしても北欧の図書館はどれも面白いと思います。日本の図書館はなんらかの判断ができるほど数を見ていませんが、今回見て廻ったわずかな図書館については、イタリアと同じような問題に苦しめられているように思われました。それは、四角四面の図書館員、過剰に分化されたヒエラルキーといった問題です。おそらく組織構造について、もう少し考えることが必要なのかもしれません。もっと四角四面ではないように、もっと柔軟に、もっとチームで働くようにするべきなのかもしれません。もっと軽やかに、もっと居心地の良い場所、利用者が利用しやすい時間に開いている場所であるべきでしょう。図書館は開かれた場所、居心地の良い場所であるべきです。本の倉庫ではなく、書店やヨーロッパのカフェのようになるべきでしょう。

Q20　日本の図書館に必要な要素を教えてください。

A　イタリアと同様、高齢化が進む日本では、人口分布におけるこの重要な層が、もっと図書館で快適に過ごせるようなサービスを考え出す必要があるでしょう。図書館というのは、何よりも、人々を迎える社会化された場所であるべきです。人と一緒に何かをするワークショップ、例えば手仕事のワークショップなどを提案することが必要だと思います。

Q21　日本の図書館を見て、印象的だったこと、面白いと思ったものがあれば教えてください。

A　他の質問の回答を見て下さい。

■協働について

Q22　博物館や美術館とはコラボレーションしないのですか？

A　残念ながらしていません。しかしこのテーマは非常に重要です。ともに働くこと、ともに考えること、ともに計画すること、つまり、空間・活動・プロジェクトを共有することは、今後の図書館員にとっての課題となるでしょう。

Q23　ライブラリアンのコラボ不足を課題としてあげられていましたが、それらに対して何かされていることはありますか？

A　試みてはいるのですが、とても難しいです。図書館員といえば、そのほとんどが退職間際、若者の採用はゼロ、多くのサービスは非常勤職員に、最近ではボランティアに任されるようになっています。このような状況では、当然ながら、図書館内で働く人々の安定した協力・協働関係がつくられにくくなります。一方で、図書館サービスにおける提携は、とくにイタリア中北部で、割によく進んでいます。目録作成・図書購入・相互貸借といったサービスが、地域別に図書館間で共有されています。今日では、電子書籍やオンライン新聞の貸出用プラットフォームも共有されています。

■民間委託について

Q24　民間委託についてどう思われますか。賛成？　反対？

A　イタリアでは、このところ外部委託がますます増えています。その理由は他の質問の回答にも書きましたが、何年も前から公共機関では新規採用を行っておらず、そのためサービスを維持するには外部委託という形態を取らざるを得ないからです。これは非常に錯綜したシステムです。なぜならこの形態は、働き手を仲介するのではなく、単に正規職員のいない現場でのサービス運営のために作られるからです。そこにはサービスを円滑に機能させる助けとはならない融通の利かなさがあります。外部委託から派遣される職員は、多くの場合、低給で非常勤採用、つまり自分の未来に投資する可能性をもちません。彼らは内勤の職員よりもずっと有能で、活発で、図書館の変化を望んでいるにもかかわらず、です。ともかく、イタリアの採用システムはもはや機能していないと思います。これからの図書館には、図書館員だけでなく多様な経験を持った職員が必要です。

Q25　日本でも図書館は民間委託・指定管理という流れになっていて図書館員が不安定な状況で雇用され、図書館で働きたい人たちが意欲や夢を削がれています。その中でどのように図書館員自身が目覚め、変革を起こしたらいいと思いますか？

A　イタリアでは、図書館員は社会的に立場が弱く、しばしば自分のことばかり考え、自分たちのサービスと遺産を護ろうと閉鎖的になりすぎるきらいがあります。この状況で助けとなるのは、図書館が社会で果たすべき役割について、これまでとは異なった見方や意識を持つことです。より社会的な、より開かれた図書館、「本」にまつわるすべての製造ラインと、町づくりのための他のサービスを結ぶ図書館、人々の社会資本を増やす場となる図書館、市民や政治家・行政の関心をもっと引く図書館をつくること。社会の一員であるこうした主体が同盟することによってのみ、変革が始まるのです。

Q26　日本の公共図書館では、民間委託がすすんできています。今後も民間委託がすすんでいくと思いますが、そのことについてどうお考えですか。

A　Q24の答えをご覧下さい。

Q27　イタリアに私設図書館はありますか？　また、運営が立ち行かなくなった私設図書館はありますか？

A　私設図書館というのがどういった図書館を指しているのかはっきりと分かりませんので、質問にお答えしかねます。

■ワークショップについて

Q28　図書館で読んだ本の内容を実際にしてみるために、図書館に調理室や工作室、音楽室、映像室が付属していてほしいと思っていたので、最近の「図書館で○○のワークショップ」「図書館で○○講座」の潮流はやっと実現されてきてうれしい。一番ユニークなワークショップは何でした？

A　この質問は、ワークショップを開いている図書館で最も面白い図書館はどこか、と訊いているのでしょうか？　もしそうであれば、それは間違いなくアメリカの図書館とロンドンのアイデア・ストアです。あるいは、最も面白いワークショップは何かということなら、他より面白いワークショップというのはないと思います。というのも、面白さというのは、参加した人から得られるものですし、面白いからこそ参加するのですから。

Q29　図書館の講習会で人気のあるものは何ですか？

A　外国語、インターネットの使い方、電子メディアの利用法などといった講座が人気ですが、編み物、料理、縫い物、写真、子どものための手を使う遊び、朗読などのワークショップも人気です。イタリアで一番さかんな活動といえば、読書会です。図書館やその他の場所に市民が集まり、一緒に読書をしたり、それぞれが自宅で読んできた本について、感想を述べ合ったりするものです。

■その他

Q30　私は図書館で働いています。アントネッラさんは図書館をつくるため、（またはサービスに手を加えるために）来たことのない住民の声をどのように集めたのかお聞きしたいです。

A　とても良いご質問ですが、お答えするのが難しいです。私が最初の図書館を開館したときは、本を読まない人、図書館に通わない人については私自身、問題にしませんでした。そうではなく、入りやすく、居心地の良い場所をつくろうと心がけました。そのことが評判を呼び、人から人へと口伝えで広まりました。

最近、図書館に通わない人のことがよく取り上げられます。イタリアでは人口の約10％がそれにあたります。市民参加についてはよく話題になるので、私の新しい本ではまるまる一つの章をこのテーマにあてて論じるつもりです。普段図書館に来ない人を巻き込みたいなら、そうした人々を図書館のプロジェクトやサービスに巻き込み、図書館に何を望むかを訊く必要があります。例えば、図書館の開館時間や図書館で行ってほしい活動などについてです。図書館を自分のもののように感じることができたら、そこで時間を過ごし、大事にし、尊重するようになるのではないでしょうか。

Q31　図書館をめぐる住民投票などの場面で図書館の役割や住民に対するメリットはどのように示されるのでしょうか？（例えば定量的・具体的に示されているような住民の納得を深めるような工夫があれば教えていただきたいです）

A　よく機能している図書館というのは、つねに、市民、つまり行政関係者から大いに同意されるサービスを提供する図書館です。かつて、フランスではこのように言われていました。街に〝メディアテーク〟を作った市長は必ず再選される、と。エリック・ロメールの『木と市長と文化会館／または七つの偶然』という映画では、まさにこのテーマが取り上げられています。アメリカでは、新しいサービスを始めようとする際には国民投票が行われます。なぜなら、そのサービスにお金を払うのは市民だからです。アメリカでは、図書館というのは、市民からもっとも同意されたサービスだとされています。これが、アメリカの図書館が高く評価される所以なのです。数字というのは、さまざまな見解があるまた別のテーマですが、今日、資料の貸出数、登録数、学生の利用数などを基準に、図書館を評価することはできないと思います。今日では図書館はそれ以上のものとなっています。この「以上」の部分を、私たちは分析して、数値化しなくてはなりません。日本に社会報告書というものがあるか分かりませんが、これは、図書館がどのくらい「利益をもたらしている」のかを理解させるには便利な手段です。例を挙げてみましょう。ある地方公共団体が、新しく図書館を建設したとします。その場合、建設費用は１５００万ユーロでした、と報告するだけでは不十分で、このデータに、市民一人一人の満足度、有益度、節約度などを分析して加える必要があります。資金を提供する人々が、図書館の特徴、共同体における社会性・文化・経済生活への影響について理解できるように情報を提供せねばなりません。

Q32　イタリアでは図書館の窓口でセクハラ、パワハラ、ストーカーｅｔｃの問題は起こらないのでしょうか？

A　私に関しては、ありません。

Q33　図書館を通じて「生活を取り戻す」とは何を失ったと考えているのですか？

A　そんな大袈裟なことを言ったのか覚えていませんが、私がいわんとしていたのは、人は図書館を通じて、共存生活を取り戻すことができるということです。『知の広場』では社会学者のロバート・パットナムの著書『孤独なボウリング』を引用し、下記のように書きました。「（パットナムが）警告しているのは、民主主義は選挙に集約されないということである。つまり、民主主義とは、市民がよその場所や、老人介護や公共交通運賃の値下げ、読書キャンペーンなどを行う集団のなかで、理性をもって比較し合い、議論できるようになって初めて機能するものだと述べている。日曜遠足や木曜夜のダンスパーティーといった平凡な集団活動でも、市民生活を学ぶためには必要な社交の場なのである。このような日常生活をより快適にする関係構造が経済成長を刺激し、「ソーシャル・キャピタル」と呼ばれる自立統治を支援するのである。つまり、優れた運営の公共図書館は、地域のソーシャル・キャピタルを豊かにする場所なのである」。おそらく、私がいわんとしていたのはこうしたことだと思います。

Q34　図書館で結婚式を挙げるカップルとはどのような人たちですか？

A　宗教的な結婚式ではなく、市民的な結婚式を挙げたいカップルだということは明らかでしょう。そして、なんらかの理由で、重要なイベントを祝うには、図書館が最も適切な場所だと考えるカップルでしょう。

Q35　イタリアでは通常、家庭における蔵書数はどの程度ですか？

A　最近、イタリア国立統計研究所（Istat）から、次のような新しい調査結果が公表されました。

0冊：10・3％
1冊〜10冊：15・1％
11冊〜25冊：13・8％
26冊〜50冊：18・6％
51冊〜100冊：16・5％
101冊〜200冊：11・7％
201冊〜400冊：7・2％
400冊以上：6・2％

数値からお分かりの通り、400冊以上の本を所有しているのは人口のたった6・2％であることから想像してみて下さい（棚板1mあたり約40冊の本が置けるとすると、それが10段、つまり5段の本棚2台程度の量）。

Q36　日本のマンガ喫茶をどう思われますか？

A　とても良いと思います。

Q37　図書館の飲食（コーヒー）で本を汚すことについて、その対処はどのようにしたのでしょうか？

A　弁償するようにお願いします。

Q38　フリーランスとしての仕事のキャリアはどのくらいですか？

A　2000年からです。

Q39　図書館の本来の目的は、次の3つのどれでしょうか？
1）インテリアの良い場所
2）利用率を上げる
3）居心地の良い場所の創出

A　3です。

Q40　本を返却しない利用者への対応策は？

A　その人の登録カードから貸出資格を無効にします。

Q41　ホームレスを排除しなくていいのですか？

A　なぜ？　彼らも他の人々と同じ市民です！

Q42　アントネッラさんの書斎が見たいです。

A　自宅は本だらけです。でも私の本ではなく、夫の本です。以前、イタリアの主要日刊紙の取材で本は好きかと訊かれました。私は、本よりも人が好き、人が本を持っていたらもっと好き、と答えました。

Q43　「東京図書館制覇」という個人の方が作った、東京中の図書館を比較したウェブサイトが面白く、かつ便利で愛用しています。このようなサイトを公共で作ってみてはいかがでしょうか。

A　おもしろくて、役に立つアイデアですね。イタリアの図書館では、ほとんどの場合、Facebook、ウェブサイト、ブログを開設しています。

Q44　いろいろな人に図書館を使ってもらいたいですが、ホームレス、心を病んでいる人、おしゃべりを不快に思う人、などさまざまな人がいます。全ての人が気持ち良く使えるようにどんな工夫をしていますか。

A　すべての人を迎え入れるには、図書館が人々を〝歓迎する〟場でなければなりません。開かれていて、利用しやすく、禁止事項のない図書館でなければならないのです。規則は限りなく少なく、利用者からできるだけ共感されるものを、そして、たくさんのサービスを提供し、多様に利用でき、威圧せず、美しくなくてはなりません。職員は話し上手で、利用者にはさまざまな要求があり、その振る舞いも千差万別ということを理解できる人でなければなりません。

「…（図書館は）「社会的烙印に抗する場」（BPI（パリ・ポンピドゥセンター公共情報図書館）の定義による）であり…困難な状況にある人にとって、公共図書館に入り、そして受け入れられるということは、特定のカテゴリーに属す人間と見做されないというしるしです。一方で、そうした人々の多くは、公共サービスを受けようとする際に、社会的ステータスの低さを実感しています。そうした場では、すぐに「貧乏人」として分類されてしまうからです。［…］ポンピドゥセンター公共情報図書館には自由に入ることができ、そこでくつろぎ、徐々に読者という無記名の存在にとけ込むことができます」

ボローニャのサラ・ボルサ図書館では、冬にはホームレスが多くの席を占拠します。夏には図書館に涼みにやってきます。そして定期的に、つまらない問題がいろいろと起こります。浮浪者のせいで「席がない」と嘆く人は、町はすべての人のためのもの、そう、水のように、ということを思い出さなくてはなりません。

Q45　新図書館を作るとき、そこで働いている司書が計画に加わるのですか。建築家や家具は図書館員が指定、選ぶことができるのですか。

A　そうしたことはイタリアではめったにありません。というのも、図書館員がそのために必要な能力を備えていないからです。同様に行政側が、機能的で有用な図書館をつくるにはすべての関係者が協働できるチームが必要だと計画初期から認識していることもめったにありません。ヨーロッパの他の国は、イタリアとはたいていの場合で異なります。図書館員は、立地選び、文化プロジェクトの計画、場にもたせる性質などの定義、コンペの公布、そして、ガイドラインの作成、什器選びにまで関わるプロジェクトの選択を行うチームの一員です。このようなチームの一員となることは、図書館づくりの基本だともう一度述べておきます。なぜなら優れた図書館員だけが、図書館がどのように機能するかを知っているからです。ワーキンググループには、市民も参加し、都市計画の専門家、社会学者、芸術家も巻き込んで行くべきだということを付け加えておきます。

Q46　病院やクリニックなど医療施設附設図書館、図書コーナーについて教えてください。

A　もう一つ、刑務所の図書館も付け加えたいと思います。このような図書館・図書コーナーのあり方はさまざまで、唯一のサービスの形というものは存在しません。ボランティアにより運営される貸出カウンター、図書館から借りた本を載せ、部局から部局へと巡回するブックトラック、施設で購入した本や寄贈本でできた小さな図書スペース。図書館が直接運営にあたる場合もありますが、いずれにしても、かならずボランティアの協力により成り立っています。

Q47　日本ではシェアオフィスが増えてきています。違う仕事をしている人のコラボレーションにも繫がっています。図書館でさまざまな人がめいめい好きなように過ごすとともに、様々な年代、立場、職業の方がニーズを交換し、満たし合ったり知の交流を可能にする場も素敵だと個人的に思っていますが、そのあたりの可能性についてどのように思われますか。

A　近年の図書館は、情報、蔵書、利用者、行いたい活動の性質に応じて、多様な機能を提供する場所となってきています。アメリカの多くの図書館では、経済危機によりオフィスを失った人や他の人と一緒に働きたい人にスペースの提供をしています。図書館は、その地区や教育機関と協働し、国の社会的・経済的変化へ適合していかなければなりません。

Q48　公共図書館における資料の収集・保管についてはどのように思っておられますか？　例えば「地域の歴史」についてなど。

A　地域の図書館というのは、その共同体の歴史的記憶となる役割を担っています。地域にまつわるすべての資料（公文書、写真、フィルム、本、ポスター、新聞など）を収集し保存することは、各公共図書館の基本的な機能です。

Q49　自宅で本を予約して図書館で借りるという利用法が私には多い。イタリアでも多くの方はそうした利用法を好んでいるのではないでしょうか？

A　年齢、電子メディアへの慣れ、家や勤務地から図書館までの距離、開館時間などによって異なります。生活習慣というのは人によってさまざまです。学生や研究者など、ある特定の本を必要とする人は、オンラインで予約する傾向にありますが、単に余暇のために本を読みたい人は、図書館へ行って書架を眺めながら、目新しいものを物色しようとします。電子書籍をオンライン上で貸出したり、新聞をオンライン上でも閲覧できるようにすれば、自宅からＯＰＡＣを利用する人が増えるでしょう。

Q50　イタリアでは精神病の患者たちを隔離するのではなく、公共の場所に引き出そうとする傾向がありますね。このnormalizationと共通の思想を、今回の「公共図書館の進化」に感じます。いかがでしょう？

A　１９７８年のバザーリア法によって、幸い精神病院は閉鎖され、精神を病んだ人は収容所のような建物のなかに生涯閉じ込められるのではなく、治療されるようになりました。地域の施設は〝刑務所〟ではなく、治療を受け、社会生活や家庭生活に適合できるようになるための家に似ています。もちろん、そうなるまでには多くの困難があると思います。なぜなら、傾向として、社会はこの種の病を隠蔽し受け入れず、家族は治療すべき病気というよりも、恥と捉えるからです。図書館とは本来、民主主義、中立、平等の性質をもちます。ですから、このような人々にとってもまた、図書館は避難所となるのです。図書館では、彼らは受け入れられ、拒絶されることはありません。そうした人の多くが図書館で長い時間を過ごしています。Normalization（常態化）という言葉で意味しているのが、違いを融合させ、受け入れるプロセスだとすれば、それはそうだと思います。図書館というのはとても重要な役割を果たし得るのです。

Q51　街のショッピングセンターに図書館を設けた場合、近隣の本屋さんとの問題が起こることはないでしょうか。

A　そのようなことは全くないと思います。ヨーロッパでは、書店と図書館が近接する例はたくさんありますし、同じ建物内にあることもあります。近年の経済危機により、人々は図書館で本を借りるようになり、本にますますお金を使わなくなっています。街の多くの個人書店が閉店していますが、これはとても残念なことです。なぜなら彼らも重要な文化のリーダーなのですから。本を読む人なら、図書館にも書店にも行きますし、電子書籍も読みます。ですから、取り組むべき問題は、本を読む人についてではなく、本を読まない人についてなのです。

謝辞

ある意味でこの本は、２０１３年6月に日本で生まれました。日本での経験は私のなかに深く刻まれています。私はひとりでイタリアを出発し、日本で4人の友人の後をついてまわりました。イタリアに住む私の親愛なる友人多木陽介、さまざま点でサポートを惜しまなかった若くてやる気溢れる国立国会図書館職員の渡辺由利子、私の本を日本で出版すると決めたみすず書房の編集者小川純子、それを翻訳した萱野有美のすばらしいチームワークにより私の日本各地での講演が実現しました。

仙台では——せんだいメディアテーク、竹中工務店、三菱電機ビルテクノサービス、建築工房DADA、コットンフィールズ・ファブリックマーケット、大気社、睦屋、リアルスタイル仙台、ユアテック、Jeu de Fils、股旅デザイン（村澤一晃）、LIXIL、オオホリ建託、ペップライフクリエータ－グループ、SPAZIO建設設計事務所、熱海工務店、トーソー、秋田県立大学、宮城大学、東北大学の学生ボランティアのみなさん、Formare la luce（高橋淳子）、みんなの家（宮城野区）のみなさ

ん、仙台市宮城野区役所まちづくり推進課地域振興係（天野美紀）、伊東豊雄建築設計事務所
札幌では――アトリエオンド一級建築士事務所、札幌市中央図書館
鳥取・島根では――鳥取短期大学、鳥取大学附属小学校、鳥取大学、奥出雲「ポケット」、曽田文庫、本の学校、島根県立図書館
京都では――京都外国語大学、イタリア文化会館大阪
小布施では――まちとしょテラソ
東京では――青山学院大学、日本図書館協会、明治大学図書館和泉図書館、武蔵野美術大学美術館・図書館、多摩美術大学八王子図書館、六本木ライブラリー、国立国会図書館・国際子ども図書館、千代田図書館、日比谷図書文化会館、イタリア文化会館東京、シブヤ大学、カルチャア・コンビニエンス・クラブ
のみなさんがご協力くださりました。お一人お一人に、心からありがとうの気持ちを送ります。
そして、この日本ツアーへの援助を最初に英断して下さった元鳥取短期大学の宍道勉先生とイタリア文化会館ジョルジョ・アミトラーノ館長、ならびに、せんだいメディアテークでの対談を快く引き受けてくださった建築家伊東豊雄氏にも、この場を借りて深く感謝いたします。

訳者あとがき

アントネッラさんの一日は、中庭の水遣りから始まる。四畳半程の中庭には、バジル、ローズマリー、サルビア、エストラゴン、ミント、アロエ、オリーブ、枇杷、ジャスミン、バラ、朝顔、ブーゲンビリアなど約30種類の植物が溢れている。どの植物も、元気良く自由に枝葉を伸ばし、季節ごとにいろいろな色の花を咲かせる。こうして朝、中庭の手入れをするアントネッラさんには、年季の入った一台のポータブルラジオと毛足の長い一匹の猫が付き添う。ひとつひとつ植物の具合を見終えると、キッチンに向かい、やかんを火にかける。沸騰するまでの間、キッチン脇のミニテーブルに座りiPadを開く。図書館アドバイザーとしてイタリア中を飛び回る彼女には、毎日ちょっとした相談事から講演依頼までさまざまなメールが届く。スケジュールを確認し、何件かのメールに簡単な返信をする。お湯が沸き、ティーポットにお湯を注ぐ。最近のお気に入りはほうじ茶である（生まれも育ちもイタリアだが朝一番のコーヒーは飲まない）。そして彼女の暮らすボローニャのＭＵＪＩで見つけた白磁の湯呑みを手に、中庭を眺めながらいつもの朝のひと時を迎える。その間もラジオは各紙朝刊の一面記事を伝え、猫は足元に居場所を見つける。図書館員でなければ庭師になっていたというアントネッラさんは、今では自分を図書館計画の「配管工」と呼ぶ。さて、今日訪れる図書館からは、どんなSOSが寄せられているだろう?

この本は、イタリアの図書館アドバイザー、アントネッラ・アンニョリの『知の広場』(2011)につづく二冊目の邦訳である。ただし、その内容はイタリアの図書館専門出版社から刊行された以下の三冊『拝啓、市長さま　図書館の話をしましょう』(*Caro sindaco, parliamo di biblioteche*, Editrice bibliografica, 2011, Milano)、『私がほしい図書館——空間、創造、参画』(*La biblioteca che vorrei, Spazi, creatività, partecipazione*, Editrice bibliografica, 2014, Milano)、『子どものための図書館』(*Biblioteca per ragazzi*, Associazione italiana biblioteche, 1999, Roma)を合わせ、日本の読者向けに編集したものである。

アントネッラさんは、『知の広場』の邦訳出版後、日本の図書館の現状に強い興味をもつようになった。2013年にはご本人の希望が叶い、約3週間で13カ所を廻る講演ツアーを行いながら、日本各地の図書館職員・関係者、書店員、市民団体、市役所職員、司書を志す学生、公共空間の設計にたずさわる建築家の方々と熱のこもった懇談の機会を得た。講演会に来られた方はすでにご存知だろうが、彼女がどのように図書館の世界と出会い、どのように図書館とともに働いてきたのか、次頁のインタヴュー記事からその片鱗を知ることができると思うので、訳者あとがきに代えて掲載する。なお、この記事はせんだいメディアテークでの伊東豊雄氏との対談「知の広場とみんなの家」の際に資料として配布したものである。

沈丁花の香る季節に

萱野有美

ものための図書館から始めることにしたのです。当時、革新的な本作りをしていたエンメ出版社の絵本やムナーリの絵本などを選びました。お母さんたちを私の所に連れてきてくれたのは、子どもたちです。お母さんたちは、小さくなりながら、恥ずかしそうに図書館に入ってきました。それを見て、私は恋愛小説もそろえなければと気づきました。図書館で子どもとお母さんの"ハーモニー" が生まれるようにです。するとすぐに市民の 3 分の 1 が利用登録をしました。もしトレッカーニ出版（※百科事典専門の出版社）の本を置いていたら、図書館でもう一度お母さんたちに会うことはなかったと思います。私は子どもからたくさんのことを教わりました。貸出は 3 冊までと子どもに向かって言えますか？　本の冊数は、彼らが読書にかける時間です。映画や音楽についても同じです。

そうはいっても、イタリアでは、その成長過程で、子どもたちは読書から離れてしまいます。書店員もよく嘆いています。

私は楽観主義者ですし、なんなら闘争家と言ってもいいです。闘うことは必要ですし、けっして屈してはいけません。もちろん、そうするのは大変です。なにせ、すべてが向かい風ですから。時間は足りない、どこでも予算はカット、テレビはある、政策には展望がない、と。最近、コロンビアのボゴタで新しい図書館がオープンしましたが、その投資目的は都市の再建でした。うまく行っているようなので、是非見に行きたいと思っています。子どもの話に戻ると、移民の子どもたちにとっては、文化はさらに価値があります。学校に行き楽しく過ごせることは彼らにしたら、私たちが 60 年代に社会の解放を求めたのと同じように、意味のあることなのです。

本への愛情はどのようにして生まれたのですか？

私は人に愛情をもっていて、そしてもちろん、本を読む人が好きです。

僕が書店員だった頃、やってみたいと思っていたことについて、素朴な質問をさせてください。図書館で勤務中、本をよく読みましたか？

私は読書家ではありません。あらやだ、本を読まない図書館員の典型になるのはいやですね。でも、図書館ではたくさんのことをしていましたから。家にはテレビがないので、クラシック音楽をよく聴きます。バッハやショスタコーヴィチ、ベートーヴェンの弦楽四重奏歌曲、マーラーのリュッケルト歌曲集などをよく聴いています。

あなたの師匠は？

前提として、私は独学です。ルイジ・クロチェッティは、私にとって偉大な図書館員でした。彼は決して問題の解決法を与えることはしません。そうではなく、考えるように促しました。ヴェネツィアで、ビエンナーレのために仕事をした時、フランコ・バザーリヤ（※精神科医）とルイジ・ノーノ（※作曲家）と知り合いました。外食に出れば、知り合いができました。あの頃が私の下積み時代です。その前には、ベッルーノで、居酒屋に行ってはお年寄りの話をよく聞いていました。

あなたにとって重要な作家は？

時代ごとにその時代の作家がいます。若い頃は、トーマス・マンの『魔の山』。でも、今はどうかしら。人は変わりますから。今は推理小説をよく読みます。例えば、ジャン・クロード・イッツォなど。推理小説は都市で起こる事象を先取りし、新聞よりも早くそうしたことを教えてくれます。

これからしたいことは？

図書館 SOS 窓口を開きたいですね。図書館を変えようとするときに、助けとなるようなサービスです。今ある図書館を、居心地よく、魅力的に変える方が、新しい図書館を建てるよりお金はかかりません。図書館はたくさんの偏見を背後に抱えています。どうしたらそうした偏見を覆せるか、それを考えなくてはなりません。

（※訳者注）

インタヴュー・執筆：ジュゼッペ・クリッキア

（「ラ・スタンパ」紙／ 2009 年 11 月 28 日号）

「どんな町にも“知の広場”を」

Diario di lettura

Antonella Agnoli

luoghi di rinascita di un Paese sempre più ignorante

“In ogni città ci vuole una piazza del sapere”

1999 年、セックス・ピストルズの元マネージャー、マルコム・マクラーレンが、ふざけ半分本気半分でロンドン市長選に出馬した時、その公約は「国会議員専用売春宿とバーが併設された図書館をオープンさせる」というものだった。「ディケンズを読みながら、ギネスを飲めたら最高ね」と語るのは、旧き良き時代のパンクロッカーならぬ、パンク挑発者が掲げたこの公約のうち後者の方を引き受けようとする歴史的図書館員、アントネッラ・アンニョリ氏。先日出版されたばかりの興味深い著書『知の広場』（ラテルツァ／邦訳みすず書房）では、新しい図書館の視点から都市空間の捉え直しが提案され、図書館は、学力や国語力の低下が著しいこの国を復興させる場所として考えられている。いまや大学では外国人学生ではなく、自国の 18 歳の若者のためにイタリア語の補講を行っている。彼らは「たった二行の文章も正確に書けないの」である。

アンニョリさん、よく知られているように、イタリアではほとんど本が読まれません。読書率はヨーロッパで最低です。本を買う人が前年より 0.1% でも増えたら、それだけでああ良かった！と思うような状況です。それなのに、『知の広場』であなたは、読書率を上げるための具体策だけでなく、ある種の希望さえ写し出しています。これは誇張しすぎではありませんか？

『知の広場』は、長い間考えてきたことから生まれました。私は図書館で 33 年間働いてきました。近年は、図書館を捉え直すという視点から、空間設計やサービスの設計にたずさわっています。私は、町にとって図書館とは何かということを、政治的観点からも知ることができる本を書きたいと思っていました。ペーザロの図書館は、良い建築・充分な開館時間・もてなしの雰囲気を兼ね備えた図書館です。つまり、幸福で機能的な場所です。この本は、図書館員が行政と話し合う際にも参考になると思います。行政は、なぜ図書館に予算が必要なのかということについて、まず理解していませんから。本の中では、歴史的な図書館、保存のための図書館については触れませんでした。イタリアではほとんど本が読まれないこと、それから、現代人というのは、「すべて欲しい、すぐに欲しい」ということを頭に入れておかなければいけません。つまり、このインターネット時代に、どうして図書館に行くのか、ということを私たち図書館員は考えなければならないのです。

文庫本もありますし、少なくとも私の住む中北部イタリアには、書店も充分にあります。けれども、貸出数が減り利用者数は増えるという、デンマークのような国もあります。それは図書館が広場のように生きられていて、商業モデルの案になっているからです。つまり、図書館は都市計画の一部になり得るのです。テクノロジーが発達し、必要な情報を選ぶ術を知らず、町は暮らしにくいという状況下では、本は経済価値を帯びてきます。私は、若者の足を図書館に向かわせ、今の風潮を逆転できると確信しています。若者に、彼らのための場所を提供し、彼らの生活に関わるもの、例えば音楽や映画やマンガなどを提供するのです。現実では、国は教育に予算を使わないと決めました。しかし図書館は、町の全てのサービスを横断する公共機関です。図書館は、予算削減の時代の放課後の居場所や、コンピューター時代を生き抜く高齢者たちの寄合所として機能し、他所からきた人にとってはその土地に溶け込むきっかけとなるような場所であるべきなのです。

ペーザロの後には、ロンドンの〈アイデア・ストア〉から再設計（リスタイリング）プロジェクトに協力を求められていますね。これまでどのような道を歩まれてきたのですか？

1976 年に図書館で働き始めました。ヴェネツィアの地方都市スピネアでです。私はそれまでに図書館学を学んだことも、図書館で働いたこともありませんでした。スピネア図書館は、美しいヴェネト風ヴィッラに付設されており、そこには広い庭がありました。そこで、私は子ど

参考文献

Agnoli, A（1999）, *La biblioteca per ragazzi*（『子どものための図書館』）, AIB, Roma.

Agnoli, A.（2009）, *Le piazze del sapere*, Laterza, Roma-Bari.（アントネッラ・アンニョリ『知の広場』萱野有美訳、みすず書房、2011年）

Agnoli, A.（2011）, *Caro sindaco, parliamo di biblioteche*（『拝啓市長さま、図書館について話しましょう』）, Editrice Bibliografica, Milano.

ALA, American Libray Association（2010a）, *The condition of American libraries: trends*（「アメリカ図書館の条件：流行」）, 1999–2009.

ALA, American Libray Association（2010b）, 〈http://www.ala.org/ala/aboutala/offices/dev/libchamps/kmf.cfm〉, consultato il 26 luglio 2011（閲覧日は2011月6月26日）.

Anderson, Chris（2008）, *La coda lunga*, Codice, Torino.（クリス・アンダーソン『ロングテール――売れない商品を宝の山に変える新戦略』篠森ゆりこ訳、早川書房、2006年）

Aries, Philippe（1973）, *L'enfant e la vie familiale sous l'Ancient Régime*（フィリップ・アリエス『〈子供〉の誕生――アンシャン・レジーム期の子供と家族生活』杉山光信、杉山恵美子訳、みすず書房）, Paris, Seuil.

Arpaia, B. e Greco, P.（2013）, *La cultura si mangia!*（『文化でも食べていける！』）, Guanda, Parma.

Augé, Marc（2009）, *Che fine ha fatto il futuro?*（『未来はどんな結末になるだろう？』）, Elèuthera, Milano.

Banco Sabadell（2012）, *Som Sabadell Flashmob*（「私たちはサバデルです」フラッシュモブ動画）, 〈http://www.youtube.com/watch?v=GBaHPND2QJg/〉.

Bell, D.（2013）, *La biblioteca senza libri*（『本のない図書館』）, Quodlibet, Macerata.

Bauman, Zygmunt（2006）, *Vita liquida*, Laterza, Roma-Bari.（ジークムント・バウマン『リキッド・モダニティ――液状化する社会』森田典正訳、大月書店、2001年）

Becker, Samantha, *et al.*（2010）, *Opportunity for all: how the American public benefits*

from internet access at U.S. libraries（『すべての人に機会を——アメリカ・公益を図書館に』）, Institute of Museum and Library Services, Washington, D.C.

Belotti, Massimo（a cura di）（2011）, *Verso un'economia della biblioteca*（『図書館経済にむけて』）, Editrice Bibliografica, Milano.

Bergamasci M. e Castagnò M.（2013）, "Bologna. Sala Borsa"（「ボローニャ・サラ・ボルサ図書館」）, in Mazzette（2013）, p. 135-156.

Berndtson, M.（2012）, *Changes in Library Operations*（『変わる図書館業務』）, Helsinki.

Bianco, L. e Presutti, G.（2010）, "Cascina Roccafranca: dal progetto alla realizzazione"（「カッシーナ・ロッカフランカ——企画から実現まで」）, in *Fondazione Cascina Roccafranca*（2010）, p. 13-30.

Bisbrouck, Marie-Françoise（2010）, *Bibliothèques d'aujourd'hui: à la conquête de nouveaux espaces*（『今日の図書館——新しい空間の獲得』）, Éditions du Cercle de la Librairie, Paris.

Bonet, M.（2014）, 'La rivoluzione del digital manufacturing'（「デジタルマニュファクチャリングの革命」）, "Corriere Innovazione", 〈http://corriereinnovazione.corrieredelveneto.corriere.it/2014/3-gennaio-2014/intervista_micelli-2223873370739.shtml〉.

Caliandro, C. e Sacco, P. L.（2011）, *Italia Reloaded. Ripartire con la cultura*（『リロードするイタリア　文化との再出発』）, il Mulino, Bologna.

Calvino, Italo（1994）, *Palomar*, Mondadori, Milano.（イタロ・カルヴィーノ『パロマー』和田忠彦訳、岩波書店、2001 年）

Casati, R.（2013）, *Contro il colonialismo digitale. Istruzioni per continuare a leggere*（『デジタル植民地に抗して　読み続けるための注意書き』）, Laterza, Roma-Bari.

Cammelli, Andrea（2011）, "Laureati e lavoro: il persistere della crisi"（「大卒者と雇用：はびこる経済危機」）, in *XIII Rapporto AlmaLaurea sulla condizione occupazionale dei laureati*, AlmaLaurea, Bologna.

Cederna, G.（a cura di）（2013）, *L'Italia sottosopra. I bambini e la crisi*（『錯乱するイタリア　子どもと経済危機』）, Save the Children Italia, Roma.

CENSIS（2013）, "I valori degli italiani nel 2013"（「2013年度イタリア人の価値観」）, Censis, Roma.

CEPELL-AIB（2013）, *Indagine statistica sulle biblioteche pubbliche degli enti territoriali. Analisi dei dati*（「地方公共団体の公共図書館に関する統計調査・データ分

析」), 〈www.cepell.it/centrolibro/.../documenti/1373550906062Rapporto.pdf〉.

Chemetov, P. (2012), "Médiatheques bibliothèques" (「メディアテーク・ビブリオテーク」), in Petit (2012), p. 45–52.

Codice dei beni culturali e del paesaggio (文化財・都市景観法) (2004), Decreto legislativo 22 gennaio 2004, n. 42, 〈http://www.camera.it/parlam/leggi/deleghe/testi/04042dl.htm〉.

Cognigni, Cecilia (2011), "La biblioteca fattore di inclusione sociale" (「ソーシャルインクルージョンの要因としての図書館」), *intervento pubblico*, Bari, 17 giugno.

Crawford, M. (2010), *The Case for Working with Your Hands* (『手仕事の良さ』), Viking, London. Trad. it., *Il lavoro manuale come medicina dell'anima*, Mondadori, Milano, 2010.

Darnton, Robert (2011), *Il futuro del libro* (『本の未来』), Adelphi, Milano.

Diamanti, I. (2013), 'Una società senza Stato' (「国家なしの社会」), "la Repubblica", 30 dicembre 2013, p. 1.

Di Domenico, Giovanni (2009), *Biblioteconomia e culture organizzative* (『図書館学と組織的文化』), Editrice Bibliografica, Milano.

Donolo, Carlo (2011), *Italia sperduta* (『孤立するイタリア』), Donzelli, Roma.

Eurostat (2011), "Number of persons employed in selected cultural occupations, 2004 and 2009, in thousands and as a share of total employment" (「2004年度・2009年度特定文化別雇用者数」), Eurostat, EU-LFS, Brussels.

Fano TV (2010), "Dall'Ipad al capitello romano" (「iPadからローマ式柱頭へ」), *3000 anni di storia alla Memo*, 9 luglio.

Ferrari, Gian Arturo (2011), "Libri: tre mesi in Italia. Acquisto e lettura da ottobre a dicembre 2010" (「書籍——イタリアでの3ヶ月　2010年10月～12月書籍購入数と読書数」), intervento pubblico, Roma, Biblioteca Casanatense, 23 marzo.

Ferrieri, Luca (2011), *La lettura spiegata a chi non legge* (『本を読まない人のための読書法』), Editrice Bibliografica, Milano.

Fondazione Cascina Roccafranca (2010), "Una cascina per ricostruire lo « spazio comune »" (「「共有空間」を再構築する酪農場」), supplemento a "Animazione sociale" n. 246.

Galluzzi, Anna (2009). *Biblioteche per la città. Nuove prospettive di un servizio pubblico* (『町のための図書館　公共サービスの新しい展望』). Roma, Carocci.

Galluzzi, Anna (2010), "Biblioteche pubbliche, città e "lunga coda": gli esempi della Biblioteca Sala Borsa di Bologna e degli Idea Stores londinesi" (「公共図書館町は「ロングテール」——ボローニャ・サラ・ボルサ図書館とロンドン・アイデア・ストアの事例」), "BID: textos universitaris de biblioteconomia i documentació", dicembre 2010, n. 25, consultabile su 〈http://www.ub.edu/bid/25/galluzzi2.htm〉.

Gardner, Howard (1995), *Personalità egemoni* (『ヘゲモニーとしての人格』), Milano, Feltrinelli.

____ (2004). *The Unschooled Mind* (『生まれながらの神』), NewYork, Basic Books.

Gasparini, Giordano (2011), "Costruire insieme" (「ともにつくる」), "IBC", XVIII, 2011, 3, p. 6–8.

Giambertone, F. (2013), "Mettete dei libri nei vostri portoni" (「あなたの扉のなかに　も本を」), 〈http://standbymi.wordpress.com/2013/02/19/biblioteca-condominio-via-rembrandt-12/〉.

Ginori, Anais (2011), "L'arte di Stato" (「国家の芸術」), "la Repubblica", 5 agosto, p. 43.

Gleick, James (2011), *The information: a history. A theory. A flood* (『情報とは——歴史・理論・氾濫』), Pantheon Books, New York.

Gorman, Michael (2005), *Our own selves. More meditations for librarians* (『私たち自分自身のために　図書館員への黙想』), American Library Association, Chicago (IL).

Granieri, Giuseppe (2009), *Umanità accresciuta. Come la tecnologia ci sta cambiando* (『拡大する人類　いかにテクノロジーは私たちを変えるのか』), Laterza, Roma-Bari.

Gray, R. (a cura di) (2012), *The Library Book* (『蔵書』), Profile Books, London.

Hess, Charlotte e Ostrom, Elinor (2009), *La conoscenza come bene comune* (『文化財としての知識』), Bruno Mondadori, Milano.

Huerre, Patrice (1997), *L'adolescence n'existe pas* (『思春期は存在しない』), Paris, Odile Jacob

IFLA, (国際図書館連盟「児童図書館サービスのためのガイドライン」) 〈http://www.ifla.org/files/assets/libraries-for-children-and-ya/publications/guidelines_ya_jp.pdf〉

Indovina, F. (2010), "Uscire dall'isolamento del privato. Cittadini alla ricerca dello spazio comune" (「プライベートの孤独からの脱却　共有空間をもとめる

市民」), in *Fondazione Cascina Roccafranca* (2010), p. 88-102.

Istat (2013), "Annuario statistico italiano 2013" (「2013 年統計調査」), Istat, Roma.

Istituto Luce (2011), La Costituzione (イタリア憲法), 〈http://www. youtube.com/watch?v=b1OWveoDGys〉.

Jacobs, A. (2011), *The Pleasures of Reading in an Age of Distraction* (『雑音化時代の読書の楽しみ』), Oxford University Press, New York.

Koolhas, R. (2009), "*The New Library*" (「新しい図書館」), in Niegaard, Lauridsen e Schulz (2009) p. 12-13.

Lankes, R. D. (2011), *The Atlas of New Librarianship* (『新しいライブラリアンシップの見取り図』), MIT Press, London. Trad. it., *L'Atlante della biblioteconomia moderna*, Editrice Bibliografica, Milano, 2014.

Lodoli, Marco (2011), "Basta con la scuola del cuore" (「必要なのは心ある学校」), "la Repubblica", 31 agosto, p. 46.

Lombardi, Anna (2011), "Benvenuti a Filadelfia nella biblioteca senza libri" (「ようこそ本のない図書館へ　フィラデルフィア図書館」), "la Repubblica", 13 luglio, p. 55.

Malaguti, Andrea (2011), Bauman: "Se non ti vendi la tua vita è miserabile" (「バウマンは言う、自分から売り込まないなら悲惨な人生が待ってるでしょう、と」), "La Stampa-tuttoLibri", 27 agosto, p. I.

Massarenti, A. (2014), "Senato delle competenze e del « saper fare »" (「能力とノウハウの集まり」), "Il Sole 24 Ore Domenica", 5 gennaio 2014, p. 21.

Matsumoto, K. (2013), *Manuale di un monaco buddhista per liberarsi dal rumore del mondo*, Vallardi, Milano. (松本圭介『こころの静寂を手に入れる 37 の方法』すばる舎、2009 年)

Mazzette, A. (a cura di) (2013), *Pratiche sociali di città pubblica* (『公共都市での社会的実践』), Laterza, Roma-Bari.

Mazzucato, M. (2013), *The Entrepreneurial State* (『企業国家』), Anthem Press, London.

Merklen, D. (2013), *Pourquoi brûle-t-on des bibliothèques?* (『なぜ図書館を燃やすのか?』), Presses de l'enssib, Villeurbanne.

Miettinen, V. (2013), *The future library designed with you* (「あなたが描く未来の図書館」), "Scandinavian Library Quarterly", n. 2, p. 7.

Morganti, L. (a cura di) (2013), *Lo spazio del libro* (『本の空間』), AIEP, Repubblica di San Marino.

Muscogiuri, Marco（2009）, *Biblioteche. Architettura e progetto*（『図書館　建築とプロジェクト』）, Maggioli, S. Arcangelo di Romagna.

Naish, John（2011）, “The NS Profile: Tim Berners-Lee”（「NS プロファイル：ティム・バーナーズ－リー」）, “New Statesman”, 15 agosto.

Nati Per Leggere（NPL）,（「読むために生まれた」プロジェクト」）〈http://www.natiperleggere.it〉

Niegaard, H, Lauridsen J. e Schulz K.（2009）, *Library Space: Inspiration for Buildings and Design*（『ライブラリー・スペース――建物とデザインの着想』）, Danish Library Association.

Observatoire de la lecture publique（2013）, *Bibliothèques municipales. Données d'activité 2011, synthèse nationale*（「2011 年度市立図書館活動報告書」）, Ministère de la Culture et de la Communication, Paris.

OCSE（2015）,（経済協力開発機構「イタリア経済調査」）〈http://www.oecd.org/italy/economic-survey-italy.htm〉

Olivieri, Ugo（2011）, “Perché va difesa la Crusca”（「クルスカアカデミーを死守するには」）, “il manifesto”, 4 settembre, p. 15.

Panarari, Massimiliano（2010）, *L'egemonia sottoculturale*（『サブカルチャー的ヘゲモニー』）, Einaudi, Torino.

Parmeggiani, Stefania（2011）, “Premiopoli”（「多賞大国」）, “la Repubblica”, 25 agosto, p. 1.

Paugam, S., Giorgetti C.（2013）, *Des pauvres à la bibliothèque*（『図書館にいる貧しい人々』）, Puf, Paris.

Petit, C.（a cura di）（2012）, *Architecture et bibliothèque. 20 ans de constructions*（『建築と図書館　開館 20 年』）, Presses de l'enssib, Villeurbanne.

Pew Internet Libraries（2013a）, “Library Services in the Digital Age”（「デジタル時代の図書館サービス」）, 22 gennaio 2013.

Pew Research Center（2013b）, “Younger Americans' library habits and expectations”（「若いアメリカ図書館の習慣と期待」）, 25 giugno 2013〈http://libraries.pewInternet.org/files/2013/06/PIP_Young-er_Americans_and_libraries.pdf〉.

Piano, R.（1987）, *Du plateau Beaubourg au centre George-Pompidou*（『ボーブール平地からジョルジュ－ポンピドゥー・センターへ』）, Centre Pompidou, Paris, 1987.

Pirsig, R.（1990）, *Lo Zen e l'arte della manutenzione della motocicletta*, Adelphi, Milano.（ロバート・パーシグ『禅とオートバイ修理技術』五十嵐美克・兒玉光

弘訳、めるくまーる社、1990年)

Provincia di Roma (2012), *Così vicine, così lontane. Una ricerca sui bisogni e i consumi culturali delle cittadine straniere* (『こんなに近くて、こんなに遠い　外国人市民の文化的ニーズとその消費』), Provincia di Roma, Roma.

Pul, H. (2012), *Aarhus' Mediascape library: new concepts for an old institution* (「オーフス・メディアスペース・ライブラリー——古い機関のための新しいコンセプト」), 〈http://blog.inpolis. com/2012/07/23/aarhus/〉.

Quick, S. *et al.* (2013), "Enquête paneuropéenne destinée à évaluer les perceptions des utilisateurs à l'égard des avantages liés aux technologies de l'information et de la communication dans les bibliothèques publiques" (「汎ヨーロッパにおける公共図書館での情報技術の利点　利用者の認識調査」), Bill & Melinda Gates foundation, 〈http://www.bpi.fr/modules/resources/download/default/Professionnels/Documents/Final Report-FRCross-EuropeanLibraryImpact.pdf〉.

Rai Storia (s.d.), "Approvata la Costituzione italiana" (「承認されたイタリア憲法」), 〈http://www.raistoria.rai.it/articoli/approvata-la-costituzione-italiana/11637/default.aspx〉.

Ramazzotti, Sergio (2009), "Miracolo trash" (「奇跡のガラクタ」), "D-la Repubblica", 31 gennaio, p. 56.

Rasetti, Maria Stella (2011), "Il bibliotecario tra resilienza e competizione" (「図書館員　回復と競争」), in *Verso un'economia della biblioteca*, a cura di Massimo Belotti, Editrice Bibliografica, pp. 177-191.

Rapetto, Umberto (2011), "Web compleanno" (「ウェブの誕生日」), "Corriere della sera-Sette", n. 32, 11 agosto, p. 9.

Richtel, Matt (2011), "In classroom of future, stagnant scores" (「未来の教室　よどんだ負債」), "New York Times", 3 settembre.

Rizzo, Sergio e Stella, Gian Antonio (2011), "Sì ai sacrifici, cominci la casta" (「犠牲者たちよ、カースト制が始まっている」),"Corriere della sera", 10 agosto, p. 1.

Rodger, Eleanor Jo (2009), "Public libraries: necessities or amenities?" (「パブリックライブラリー——必要性と快適さのどちらにする?」), "American Libraries", 1 agosto.

Roncaglia, Gino (2010), *La quarta rivoluzione* (『第4次革命』), Laterza, Roma- Bari.

Salisbury, H. (1985), *The 900 Days*, Da Capo Press, New York. Trad. it., *I 900 giorni*, Il Saggiatore, Milano, 2001. (ハリソン・E・ソールズベリー『攻防900日——包囲されたレニングラード〈上・下〉』大沢正訳、早川書房、2005

年）
Sansom, Ian（2011）, *Galeotto fu il libro*（『ガレオットは本』）, TEA, Milano.
Selingo, Jeffrey（2004）, "When a search engine isn't enough, call a librarian"（「検索エンジンで足りないなら図書館員を呼べ」）, "New York Times", 5 febbraio.
Sclavi, M.（2003）, *Arte di ascoltare e mondi possibili*（『聞く力と可能な世界』）, Bruno Mondadori, Milano.
Sclavi, M. *et al.*（2012）, "Documento conclusivo del PP Isola"（「イゾラ地区報告書」）, documento non pubblicato e comunicazioni personali（未刊行）.
Schulz, K.（2013）, "From Main Library to Dokk1. Library Transformations needed"（「中央図書館から Dokk1 へ　必要とされた図書館変革」）, 6 settembre 2013, 〈http://www.slideshare.net/mobile/KnudSchulz/students-uni-washing-6913-transformation-slides〉.
Sennett, R.（2008）, "The Public Realm"（「公共王国」）, 〈http://www. richardsennett.com/site/SENN/Templates/General2. aspx?pageid=16〉.
Sennett, R.（2012）, *L'uomo artigiano*（『職人』）, Feltrinelli, Milano.
Siegel, Lee（2011）, *Homo interneticus*（『ホモ・インテルネティクス』）, Piano B edizioni, Prato.
Singer, Natasha（2011）, "Playing catch-up in a digital library race"（「デジタルライブラリー・レースを勝ち抜くには」）, "New York Times", 9 gennaio.
Smallwood, Carol（2011）, *The frugal librarian: thriving in tough economic times*（『つつましい図書館員――激烈経済時代の繁栄』）, American Libray Association, Chicago.
Smith, Z.（2012）, "Il blues della biblioteca"（「図書館のブルース」）, "Internazionale", 20 luglio, 〈http://www.rable.it/?p=3574〉.
Social Street Italia（2013）, 〈http://www.socialstreet.it/〉.
Solimine, G.（2010）, *L'Italia che legge*（『本を読む国イタリア』）, Laterza, Roma-Bari.
Sunstein, Cass（2006）, *Infotopia. How many minds produce knowledge*（『インフォトピア　知識を生む精神』）, Oxford University Press, New York.
Thorhauge, J.（2012）, "In Danimarca si discute di biblioteca aperta"（「デンマークのオープンライブラリー」）, "Biblioteche oggi", aprile, p. 55.
Tonello, F.（2011）, *L'età dell'ignoranza*（『無知の時代』）, Bruno Mondadori, Milano.
Toyo, I.（2013）, Ito juku（伊東建築塾）, 〈http://itojuku.or.jp/ourhome〉.
Troisi, R.（2013）, "Trastevere, tempo di biblioteche condominiali"（「図書館付きマン

ション ローマ・トラステヴェレ地区」), 〈http://comune-info.net/2013/10/biblioteca-condomini-conviviali/〉.

Turnaturi, Gabriella (2011), *Signore e signori d'Italia*(『イタリアの紳士淑女のみなさまへ』), Feltrinelli, Milano.

Twelvetrees, A. (2006), "Come favorire la partecipazione"(「成功する参画の仕方」), "Lavoro Sociale", n. 1, p. 43-56.

Unioncamere, Symbola (2011), "L'Italia che verrà. Industria culturale, made in Italy e territori"(「来るべきイタリア 文化産業・メイドインイタリー・地域」), I quaderni di Symbola, Roma, 〈http://www.symbola.net/assets/files/Ricerca%20Industrie%20culturali_1326723510.pdf〉.

Vargas Llosa, Mario (2011), *Elogio della lettura e della finzione*(『素晴らしき読書とフィクション』), Einaudi, Torino.

Ventura, Roberto (2011), "Dalla biblioteconomia come disciplina sociale alla biblioteca al servizio della comunità"(「社会規範としての図書館学から共同体サービス としての図書館へ」), "Bibliotime", vol. 14, n. 1, 〈http://didattica.spbo.unibo.it/bibliotime/num-xiv-1/ventura.htm〉.

Villate, P., Vosgin J.-P. (2009), *Le rôle social des bibliothèques dans la ville*(『町の図書館の役割』), Presses universitaires de Bordeaux, Bordeaux.

Visco, I. (2009), *Investire in conoscenza*(『知への投資』), il Mulino, Bologna.

Vivarelli, M. (a cura di) (2013), *Lo spazio della biblioteca*(『図書館の空間』), Editrice Bibliografica, Milano.

Yosuke, T. (2013), Tokyo: incontro con Toyo Ito(東京にて——伊東豊雄との対話), "Doppiozero", 〈http://www.doppiozero.com/materiali/cartoline/tokyo-incontro-con-toyo-ito〉.

著者略歴

(Antonella Agnoli)

ボローニャ在住．1977年ヴェネツィアの地方都市スピネアに子どものための図書館を開館させ，2000年まで館長を務める．2001年には，ペーザロ市の新しい図書館〈サン・ジョヴァンニ〉の館長としてその計画・実現にたずさわる．2009年からは，図書館計画のアドバイザーとして，ボローニャ〈サラ・ボルサ〉，グッビオ〈スペレッリアーナ〉，フィレンツェ〈オブラーテ〉，ピサ，チニゼッロ・バルサモなど，数多くの図書館と協働しており，ロンドンの〈アイデア・ストア〉では子ども部門を担当した．著書に『知の広場——図書館と自由』（ラテルツァ，2009年／邦訳みすず書房，2011年）．その他，図書館専門誌『今日の図書館（*Biblioteca Oggi*）』をはじめ，新聞『イル・マニフェスト』『ラ・レプッブリカ』，雑誌『アルファベータ2』『イル・ムリーノ』へも寄稿している．

訳者略歴

萱野有美〈かやの・ゆうみ〉1975年生まれ．東京外国語大学外国語学部欧米第二課程卒業．京都大学大学院人間・環境学研究科修士課程修了．訳書に，ムナーリ『ファンタジア』（2006），アンニョリ『知の広場——図書館と自由』（2011），ギッリ『写真講義』（2014，以上すべてみすず書房）など．

アントネッラ・アンニョリ
拝啓 市長さま、こんな図書館をつくりましょう
萱野有美訳

2016年 4 月 15日　印刷
2016年 4 月 25日　発行

発行所 株式会社 みすず書房
〒113-0033 東京都文京区本郷 5 丁目 32-21
電話 03-3814-0131(営業) 03-3815-9181(編集)
http://www.msz.co.jp

本文・口絵組版 キャップス
本文・口絵印刷所 萩原印刷
扉・表紙・カバー印刷所 リヒトプランニング
製本所 松岳社

ISBN 978-4-622-07937-8
[はいけいしちょうさまこんなとしょかんをつくりましょう]